铁路旅客运输安全检查学习手册

《铁路旅客运输安全检查学习手册》编委会　编

中国铁道出版社有限公司

2024 年·北 京

内容简介

本书依据《铁路旅客运输安全检查管理办法》等规章编写，旨在帮助铁路旅客安检人员提高旅客运输安全检查理论知识和实作技能。全书共九章，主要内容包括安检基础知识、禁限物品常识、铁路安检设施设备、铁路安检作业、铁路安检服务礼仪、铁路突发事件应急处置、安检岗位安全风险、安全检查心理学、安检日常训练。

本书可作为铁路旅客运输安全检查人员培训用书，也可供安检管理人员日常工作使用。

图书在版编目(CIP)数据

铁路旅客运输安全检查学习手册/《铁路旅客运输安全检查学习手册》编委会编. —北京：中国铁道出版社有限公司，2024.5

ISBN 978-7-113-31149-0

Ⅰ.①铁…　Ⅱ.①铁…　Ⅲ.①铁路运输-旅客运输-安全检查-手册　Ⅳ.①U298.2-62

中国国家版本馆 CIP 数据核字(2024)第 073200 号

书　　名：**铁路旅客运输安全检查学习手册**
作　　者：《铁路旅客运输安全检查学习手册》编委会

策划编辑：秦绪涛
责任编辑：秦绪涛　　　　**编辑部电话**：(010)51873024
封面设计：刘　莎
封面摄影：徐方琛
责任校对：苗　丹
责任印制：樊启鹏

出版发行：中国铁道出版社有限公司（100054，北京市西城区右安门西街 8 号）
网　　址：http://www.tdpress.com
印　　刷：河北宝昌佳彩印刷有限公司
版　　次：2024 年 5 月第 1 版　2024 年 5 月第 1 次印刷
开　　本：880 mm×1 230 mm　1/32　**印张**：7.875　**字数**：169 千
书　　号：ISBN 978-7-113-31149-0
定　　价：35.00 元

编 委 会

前　言

为保障铁路旅客运输安全和人身财产安全，加强和规范铁路旅客运输安全检查工作，2023 年 12 月，交通运输部公布了《铁路旅客运输安全检查管理办法》(交通运输部令 2023 年第 21 号)，对铁路运输企业保障铁路旅客运输安全提出了新的具体要求。铁路运输企业作为铁路旅客运输安全检查的责任主体，应当按照法律、行政法规、规章规定，组织实施铁路旅客运输安全检查工作，并负责对安全检查人员进行教育和培训，如实记录教育和培训情况，未经教育和培训合格的人员，不得上岗作业。

为提高铁路运输企业对旅客运输安全检查人员的培训效果，规范安全检查人员作业，提升旅客出行体验，进一步确保广大旅客生命财产安全，我们编写了这本《铁路旅客运输安全检查学习手册》。本书详细介绍了铁路旅客运输安全检查理论知识和实作技能。全书共九章，主要内容包括安检基础知识、禁限物品常识、铁路安检设施设备、铁路安检作业、铁路安检服务礼仪、铁路突发事件应急处置、安检岗位安全风险、安全检查心理学、安检日常训练，并附有安检相关法律、行政法规和规章。本书可作为铁路旅客运输安全检查人员培训用书，也可供安检管理人员日常工作使用。

由于编者水平有限,书中难免存在疏漏和不足之处,恳请广大读者批评指正。

编　　者

2024 年 3 月

目　录

第一章 安检基础知识

第一节 安检工作概述

一、安检的概念

铁路旅客运输安全检查(简称“安检”)是指铁路运输企业在客运车站、旅客列车对旅客和其他进站、乘车人员(简称“旅客”)及其随身携带品、托运的行包快件进行禁止和限制物品检查的活动。

二、安检的任务

根据安检级别,对进入相关管控区域的人员,视情况采取引导、提示、手检、机检、劝离、报警等方式,保护相关区域范围内的人身、财产等安全,维护现场秩序。安检人员要定期参加相关培训、演练、抢险救灾等活动,听从指挥,服从命令,执行任务,接受考评,确保相关安全目标的实现。

三、安检的原则

1. 安全第一,严格检查

安全是安全检查的宗旨和根本目的,而严格检查则是实现这一目的的手段和对安检人员的基本要求。所谓严格检查，就是严密地组织各项工作，执行各项规定，落实各项措施，发扬对公众高度负责的精神，牢牢把好安全检查关，切实做到任何禁限物品不漏检，任何可疑人员不放过，以确保人员和财产的安全。

2. 坚持制度，区别对待

国家法律、法规及有关安全技术检查的各项规章制度和规定，是指导安全技术检查工作实施和处理各类问题的依据，必须认真贯彻执行，决不能有法不依，有章不循。同时，还应根据特殊情况和不同对象，在不违背原则和确保安全的前提下，灵活处置各类问题。通常情况下对各种旅客实施检查，既要一视同仁，又要注意区别，明确重点，有所侧重。

3. 内紧外松，机制灵活

“内紧”是指检查人员要具有高度的警惕性和责任心，保持紧张的工作作风，执行严密的检查程序，要有处置突发事件的应急措施等，使犯罪分子无空可钻。“外松”是指检查时要做到态度自然，沉着冷静，语言文明，讲究方式，按步骤有秩序进行工作。“机制灵活”是指在错综复杂的情况下，检查人员要有敏锐的观察能力和准确的判断能力，善于分析问题，从受检人员的言谈举止、行装打扮和神态表情中，察言观色，发现蛛丝马迹，不漏掉任何可疑人员和物品。

4. 文明作业，热情服务

安全检查是社会管理和服务工作的一部分，安检人员要树立全心全意为人民服务的思想，要做到着装整洁，仪表端庄，文明礼貌，举止大方，检查规范，说话和气，“请”字开头，“谢”字结尾。尊重不同国籍、不同地区、不同民族的风俗习惯。同时要在确保安全和不影响正常工作的前提下，尽量为受检人员排忧解难。对伤、残、病受检人员给予优先照顾，不能伤害受检人员的自尊心；对孕妇、幼童、老年受检人员要尽量提供方便，给予照顾。

第二节　安检工作制度

在安检工作中应按照“专人引导、专人值机、专人手检、专人处置”的工作制度和岗位职责，确保安检工作有序、有效开展。

一、安全目标责任制度

安保部门应当结合实际情况，制定年度安全目标和实现安全目标的具体工作方案。安全目标包括杜绝因安检原因造成危害公共区域安全事件发生的各项指标。安全目标责任应做到分工清楚，任务明确，各负其责，奖罚分明。

二、请示报告制度

安检人员在一般情况下遇到超越处理权限的问题时，必须向上级领导请示后方可处理。通常情况下，请示报告应逐级进行；遇有重要情况、重大涉外问题及突发情况，可越级报告，但事后应当报告直属领导。上报情况应当包括时间、地点、人物、事件情况、处理结果等内容。下级向上级请示报告问题时，应当提出自己的处理意见。请示报告必须做详细记录，重大问题应做专题报告。

遇有拒不接受安全检查的紧急情况，来不及请示报告时，应当根据当时情况按照预案予以处置,处置后必须及时逐级报告。

三、交接班制度

交接班时应当是同级对口书面交接。交班的主要内容包括:上级的文件、指示,执勤中遇到的问题及处理结果,设备使用情况,遗留问题,需要注意的事项等。接班人员应按时到达现场办理接班手续。交班人员在接班人员到达执勤岗位后方可离去。

四、物品管理制度

物品管理是指对旅客自弃和遗留物品的管理。物品管理应由专人负责,并建立台账。对旅客自动放弃的物品应当统一登记造册,记录收到的时间、地点、数量及品名。

发现旅客遗留在安检现场的物品,应当由两名以上安检人员共同清点和登记,并及时交给专人保管。贵重物品应及时报告值班领导,尽可能地寻找失主。

对旅客遗留且在30天内无人认领的物品及旅客自弃的物品,应当统一登记造册,按国家规定及时处理。

第三节　安检人员职业道德规范

安检人员职业道德规范是社会主义职业道德在公共安全检查职业活动中的具体体现,既是安检人员处理好职业活动中各种关系的行为准则,也是评价安检人员职业行为的标准。

一、基本要求

1. 树立风险忧患意识

安检是保证铁路运输安全的重要环节，能够有效防止不安全事件的发生，风险大、责任重。每一位安检人员都必须牢牢树立风险忧患意识，坚决克服松懈、麻痹等思想，保持高度警惕的状态，将各种安全隐患及时消灭在萌芽状态。

2. 强化安全责任意识

任何职业都承担着一定的职业责任，对无视职业责任造成严重损失的，将会受到相应的处分。安全检查的每个岗位，都与公众的生命和财产安全紧密相联。安检人员必须时刻保持头脑清醒，正确分析安全形势，明确肩负的安全责任，做到人在岗位、心系安全，坚持操作规程丝毫不松，严格执行公共安全的规章制度，确保安全万无一失。

3. 培养文明服务意识

文明服务是职业道德的重要内容，也是平等团结、互助友爱的人际关系的体现。安检工作既有检查的严肃性，又有服务的文明性。铁路安检人员长期与大众接触，一言一行、一举一动都被人所关注。每个员工都要自觉摆正安全检查与文明服务的关系，摆正个人形象与企业形象的关系，纠正粗鲁、生硬等不文明的检查行为，做到姿态美、行为美、语言美，规范文明服务，塑造安检队伍良好的文明形象。

4. 确立敬业奉献意识

安全检查职业的特点是要求安检人员必须把确保绝对安全放在职业道德规范的首位，要求安检人员有强烈的事业心、高度的责任感和精湛的业务技能，具有严格的组织纪律观念和高效的工作作风,具备良好的思想修养和服务态度。从安全检查岗位所处的特殊环境看,安检人员要确立敬业奉献意识,必须正确对待三个考验。一是严峻的安全形势考验。安全检查队伍在严峻的安防形势中产生和发展,以消除各种安全隐患为己任。安检人员必须高度警惕,忘我地工作。二是繁重工作任务的考验。安检人员需要长年累月艰苦奋战在一线岗位。三是个人利益得失的考验。在工作繁重的安全检查岗位上,个人家庭生活等方面相应会受到不同程度的影响,紧张艰苦的工作环境也容易引起思想波动。为了社会的整体利益和公众安全的万无一失,安检人员必须在其位尽其责,克服生活和工作中的困难,立足本职工作无私奉献。

二、基本内容

1. 爱岗敬业,忠于职守

"爱岗敬业,忠于职守"就是热爱本职工作,忠实地履行岗位职责。这要求安检人员恪尽职守,勤奋工作,在任何时候都要坚守岗位。

"爱岗敬业,忠于职守"是铁路安检人员最基本的职业道德,它的基本要求如下:一是要忠实履行岗位职责,认真做好本职工作,铁路安检人员要以忠诚于国家和人民为己任,认真履行自己的职业责任和职业义务。无论是进行人身检查还是行李物品检查,都要做到兢兢业业,忠于职守。二是要以主人翁的态度对待本职工作,树立事业心和责任感。铁路安检工作是确保铁路安全,保障公众人身、财产安全的第一道屏障,铁路安检人员作为奋战在安全一线的保卫工作人员,应当主动为公共安全分忧,自觉为安检岗位操心,牢记秉持真诚、服务大众的服务宗旨,做好本职工作,严格查堵禁限物品,严格检查可疑人员,一言一行向公众负责,为铁路安全保驾护航。三是树立以苦为乐的幸福感。正确对待个人的物质利益等问题,乐于为安检事业做贡献。

2. 钻研业务,提高技能

职业技能是指从事职业活动所应具有的能力和手段。它包括实际操作能力、处理业务能力、技术能力,以及具备相关的理论知识等。

铁路安检人员提高业务技能应下功夫抓好三个基本功的训练。一是系统的安检基础理论学习,如相关的法律法规、安检设备工作原理、安检对象的心理、安检的程序、安检的方法等。二是精湛的业务操作技能。无论是X射线安检仪检查、各类爆炸物检测仪的检查、人身检查,还是开包检查,都是技巧性很强的工作,每个铁路安检人员都应当努力做到一专多能,在技能上追求精益求精,努力成为优秀的安检工作人员。三是灵活的现场应急处置技能。铁路安检现场是成千上万人员流动的场所,各种情况复杂多变,意想不到的突发问题随时可能出现,提升现场灵活的处理能力显得尤为重要。

3. 遵纪守法,严格检查

遵纪守法是指安检人员要遵守职业纪律,以及与职业活动相关的法律、法规。安检人员的基本职责是确保安全,在工作中应按规定严格检查。

“遵纪守法,严格检查”是铁路安检人员最基本的工作原则,它的基本要求如下:一是要求铁路安检人员在安检过程中,必须做到依法检查和按照规定的程序进行检查。安检相关法律法规为铁路安检工作提供了法律依据,铁路安检人员要克服盲目性和随意性的不良习惯,强化法律意识,吃透法律精神,严格依法实施安全检查。二是在实施安检的过程中,铁路安检人员要做到一丝不苟,全神贯注,严把物品检查、人身检查、开包检查等各道关口,各个岗位之间要协调配合,将所有禁限物品、嫌疑人员摸排出来。

4. 文明执勤,热情服务

“文明执勤,热情服务”是安检人员职业道德规范的重要内容,这充分体现了安检工作秉持真诚、服务大众的服务宗旨。

铁路安全检查的根本目的,就是为人民服务,为广大公众的安全服务。安检人员通过文明的执勤方法,热情的服务形式,认真的服务态度,来实现这个根本目标。要真正做到文明执勤,必须从以下三方面着手:一是文明执勤必须端正服务态度。铁路安检人员要以满腔热情对待工作,以主动、热情、诚恳、周到、宽容、耐心的服务态度对待公众,反对冷漠、麻木、高傲、粗鲁、野蛮的恶劣态度。二是要文明执勤,规范化服务。铁路安检人员在执勤时要做到仪容整洁、举止端庄;站有站相、坐有坐相;说话和气,想公众所想、忧公众所忧,树立公众至上的助人为乐的工作作风。三是必须摆正严格检查与文明服务的辩证统一关系,两者是紧密联系的整体。要用文明的执勤姿态、文明的执勤举止、文明的执勤语言,努力塑造铁路安检人员的文明形象,赢得公众的信赖和支持。

5. 团结友爱,协作配合

“团结友爱,协作配合”是处理职业团队内部人与人之间,以及协作单位之间关系的职业道德规范,是建立平等友爱、互助协作的新型人际关系,也是增强整体合力的重要保证。

对铁路安检这一特定的职业来说,只有做好安检团队内部人员之间的团结协作，加强与属地各单位的密切联系与协作配合，形成完善的联动机制，才能为公共安全铸造一道牢固的安全防线。在与属地管理部门协作配合时，应当认清以下两点：一是认清自身岗位职责与管辖范围。什么是自己应该做的，什么是需要由属地管理部门进行处理的，什么是需要与相关部门进行配合的，这些都需要一一明确，牢记在心，只有这样才能在做好本职工作的同时，配合属地管理部门做好其他各项工作，才能使各项工作有条不紊地推进。二是认清个人本位主义与集体主义的关系。在工作中，要反对本位主义等不良倾向，遇任何事情都应该站在全局角度上进行认识和处理，加强与不同岗位同事的协同配合，岗位联动，加强相关班组、相关环节的信息互通，协同配合。团结奋进不仅是精神状态问题，而且是团队的最终目标，通过团结形成强有力的整体，进而不断开拓进取。

三、安检人员职业道德规范的基本途径

1. 抓好职业理想信念的培养

良好的职业理想信念和职业道德境界，是安检人员职业道德养成的思想基础。要树立正确的职业理想和人生信念，把个人的人生观、价值观、幸福观与安检事业统一起来，努力在铁路安检工作的顺利开展中发挥作用。

2. 注重职业道德责任的锻炼

所谓职业道德责任，就是从业人员对社会、集体和服务对象所应承担的社会责任和义务。只有建立职业道德责任制，将安检人员职业道德规范责任到岗位，落实到安全检查工作全过程，形成层层落实的责任机制，职业道德规范才能逐步变成每

个员工的自觉习惯，高度的职业道德责任才能在每个员工的心中扎根。

3. 加强职业纪律的培养

职业纪律是职业道德养成的必要手段，是保证职业道德成为职业行为规范的有效措施。职业道德靠社会舆论、内心信念、传统习惯来调整人与人、人与社会的关系，而职业纪律靠强制性手段让人们服从，具有一定的强制性。建立一套严明的安全检查职业纪律约束机制，培养令行禁止的职业纪律，是加强安检人员职业道德养成的重要途径。对自觉遵守职业道德成效显著的要大力给予表彰宣扬，对职业道德严重错位失范、影响恶劣的，除进行必要教育引导外，视情节给予纪律处罚，充分发挥职业纪律的惩戒教育和强制约束的作用。

4. 强化职业道德行为的修养

职业道德行为的修养，是指安检人员在安全检查实践活动中，按照职业道德基本原则和规范的内容，在个人道德品质方面自我锻炼、自我改造，形成高尚的道德品质和崇高的思想境界，将职业道德规范自觉转化为个人的内心要求和坚定信念，形成良好的行为和习惯。

第二章 禁限物品常识

第一节 禁限物品概述

一、禁限物品的概念

禁限物品是指依照相关法律法规、规定和通告,禁止或限制旅客随身携带的物品。铁路旅客禁限物品是指国家铁路局、公安部公布的《铁路旅客禁止、限制携带和托运物品目录》中明确的物品。

二、禁限物品目录

(一)禁止托运和随身携带的物品

1. 枪支、子弹类(含主要零部件)

(1)军用枪、公务用枪:手枪、冲锋枪、步枪、机枪、防暴枪等,以及各类配用子弹。

(2)民用枪:气枪、猎枪、运动枪、麻醉注射枪等,以及各类配用子弹。

(3)道具枪、发令枪、钢珠枪、催泪枪、电击枪等,以及各类配用子弹。

(4)上述物品的样品、仿制品。

2. 爆炸物品类

(1)弹药:炸弹、照明弹、燃烧弹、烟幕弹、信号弹、催泪弹、毒气弹、手雷、地雷、手榴弹等。

(2)爆破器材:炸药、雷管、导火索、导爆索、震源弹、爆破剂等。

(3)烟火制品:礼花弹、烟花(含冷光烟花)、鞭炮、摔炮、拉炮、砸炮等各类烟花爆竹,发令纸、黑火药、烟火药、引火线,以及"钢丝棉烟花"等具有烟花效果的制品等。

(4)上述物品的仿制品。

3. 管制器具

(1)管制刀具:根据《管制刀具分类与安全要求》(GA 1334—2016),认定为管制刀具的专用刀具(匕首、刺刀、佩刀、三棱刮刀、猎刀、加长弹簧折叠刀等)、特殊厨用刀具(加长砍骨刀、加长西瓜刀、加长分刀、剔骨刀、屠宰刀、多用刀等)、开刃的武术与工艺礼品刀具(武术刀、剑等),以及其他管制刀具(超过GA/T 1335《日用刀具分类与安全要求》规定的尺寸规格限制要求的各种刀具)。

(2)其他器具:警棍、军用或者警用匕首、催泪器、电击器、防卫器、弩、弩箭等。

4. 易燃易爆物品

(1)压缩气体和液化气体:氢气、甲烷、乙烷、环氧乙烷、二甲醚、丁烷、天然气、乙烯、氯乙烯、丙烯、乙炔(溶于介质的)、一氧化碳、液化石油气、氟利昂、氧气(供病人吸氧的袋装医用氧气除外)、水煤气等。

(2)易燃液体:汽油(包括甲醇汽油、乙醇汽油)、煤油、柴油、苯、酒精、酒精体积百分含量大于70%或者标志不清晰的酒类饮品、1,2-环氧丙烷、二硫化碳、甲醇、丙酮、乙醚、油漆、稀料、松香油等。

(3)易燃固体:红磷、闪光粉、固体酒精、赛璐珞、发泡剂H、偶氮二异庚腈等。

(4)自燃物品:黄磷、白磷、硝化纤维(含胶片)、油纸及其制品等。

(5)遇湿易燃物品:金属钾、钠、锂、碳化钙(电石)、镁铝粉等。

(6)氧化剂和有机过氧化物:高锰酸钾、氯酸钾、过氧化钠、过氧化钾、过氧化铅、过醋酸、双氧水、氯酸钠、硝酸铵等。

5. 毒害品

氰化物、砒霜、硒粉、苯酚、氯、氨、异氰酸甲酯、硫酸二甲酯等高毒化学品,以及灭鼠药、杀虫剂、除草剂等剧毒农药。

6. 腐蚀性物品

硫酸、盐酸、硝酸、氢氧化钠、氢氧化钾、有液蓄电池(含氢氧化钾固体、注有酸液或碱液的)、汞(水银)等。

7. 放射性物品

放射性物品指含有放射性核素,并且其活度和比活度均高于国家规定豁免值的物品,详见《放射性物品分类和名录(试行)》。

8. 感染性物质

感染性物质包括可感染人类的高致病性病原微生物菌

(毒)种和感染性样本,详见《人间传染的病原微生物名录》中危害程度分类为第一类、第二类的病原微生物。

9. 其他危害列车运行安全的物品

(1)可能干扰列车信号的强磁化物。

(2)硫化氢及有强烈刺激性气味或者有恶臭等异味的物品。

(3)容易引起旅客恐慌情绪的物品。

(4)不能判明性质但可能具有危险性的物品。

此外,禁止托运和随身携带的物品还包括法律、行政法规、规章规定的其他禁止携带、运输的物品。如毒品、淫秽音像制品及出版物、伪(假)钞票、国家重点保护野生动物及其制品等。

(二)禁止随身携带但可以托运的物品

1. 锐器:菜刀、水果刀、剪刀、美工刀、雕刻刀、裁纸刀等日用刀具(刀刃长度超过 60 mm);手术刀、刨刀、铣刀等专业刀具;刀、矛、戟等器械。

2. 钝器:棍棒、球棒、桌球杆、曲棍球杆等。

3. 工具农具:钻机、凿、锥、锯、斧头、焊枪、射钉枪、锤、冰镐、耙、铁锹、镢头、锄头、农用叉、镰刀、铡刀等。

4. 其他:反曲弓、复合弓等非机械弓箭类器材,消防灭火枪,飞镖、弹弓,不超过 50 mL 的防身喷剂等。

5. 持有检疫证明、装于专门容器内的小型活动物,铁路运输企业应当向旅客说明运输过程中通风、温度条件。但持工作证明的导盲犬和作为食品且经封闭箱体包装的鱼、虾、蟹、贝、软体类水产动物可以随身携带。

(三)限制随身携带的物品

1. 包装密封完好、标志清晰且酒精体积百分含量大于或者等于 24%、小于或者等于 70% 的酒类饮品累计不超过 3 000 mL。

2. 香水、花露水、喷雾、凝胶等含易燃成分的非自喷压力容器日用品，单体容器容积不超过 100 mL，每种限带 1 件。

3. 指甲油、去光剂累计不超过 50 mL。

4. 冷烫精、染发剂、摩丝、发胶、杀虫剂、空气清新剂等自喷压力容器，单体容器容积不超过 150 mL，每种限带 1 件，累计不超过 600 mL。

5. 安全火柴不超过 2 小盒，普通打火机不超过 2 个。

6. 标志清晰的充电宝、锂电池，单块额定能量不超过 100 W·h，含有锂电池的电动轮椅除外。

7. 法律、行政法规、规章规定的其他限制携带、运输的物品。

公益性“慢火车”可以允许旅客随身携带少量家禽家畜和日用工具农具；铁路运输企业与旅客另有约定的，按照其约定；军人、武警、公安民警、民兵、射击运动员等人员依法可以携带、托运枪支弹药或者管制器具的，按照国家有关规定办理。

第二节　禁限物品简介

一、枪支、子弹类(含主要零部件)

部分枪支、子弹类(含主要零部件)物品图示和介绍见表 2-1。

表 2-1　部分枪支、子弹类(含主要零部件)物品图示和介绍

图　示	介　绍
手　枪	手枪似斜"L"形,主要由枪管、握把座、击发机构、发射机构和套筒(或转轮)等部分组成
冲锋枪	冲锋枪(又称"手提机关枪")通常是指双手持握、发射手枪子弹的单兵连发枪械。它是介于手枪和机枪之间的武器,比步枪短小轻便,便于突然开火,射速高,火力猛,适用于近战或冲锋
防暴枪	警用防暴枪由于能发射霰弹、催泪弹、致昏弹等低杀伤性弹药,一直是警察、治安和执法部门使用的主要防暴武器。军用霰弹枪近距离火力猛、命中率高、杀伤力强、使用方便
运动枪	运动枪(又称"竞赛枪")是指在射击运动、射击竞赛和狩猎中使用的枪,它包括运动手枪、运动步枪和运动猎枪,是相当重要的枪械

续上表

图　　示	介　　绍
道具枪	道具枪,模仿真实性手枪,外观与制式手枪很像,通常是由塑料或金属制成,但因枪膛结构与制式手枪不同,一般子弹都以塑料子弹为主,杀伤力小,近距离射击会对被射人员造成一定伤害,但不会致死
发令枪	发令枪是在体育竞技运动中,作为起跑信号的器械,发令弹一般由硫黄、木炭(燃烧物)、氯酸钾或硝酸钾(助燃剂)制成
催泪枪	催泪枪是一种警用防身枪,通过喷射由催泪瓦斯液体为主要构成物质的化学雾水来达到制服和控制对方的目的

二、爆炸物品类

部分爆炸物品类图示和介绍见表 2-2。

表 2-2　部分爆炸物品类图示和介绍

图　示	介　绍
炸　弹 	炸弹是一种填充有爆炸性物质的武器，主要利用爆炸产生的巨大冲击波、热辐射与破片对攻击目标造成破坏。控制炸弹引爆的装置有定时器、遥控器、各种传感器、激光等
照明弹 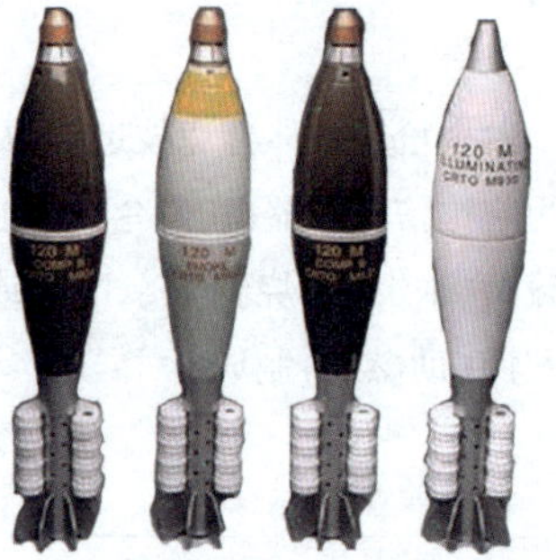	照明弹是弹体内装照明剂用以发光照明的弹药。照明弹配有时间引信和抛射药，照明弹在时间引信作用下，点燃照明剂，能在空中发出强光，用于夜间观察或指示攻击目标区
信号弹 	信号弹是用于传递信息的非杀伤性武器，可用于表达某种战斗状态下的信号，比如冲锋

续上表

图示	介绍
催泪弹 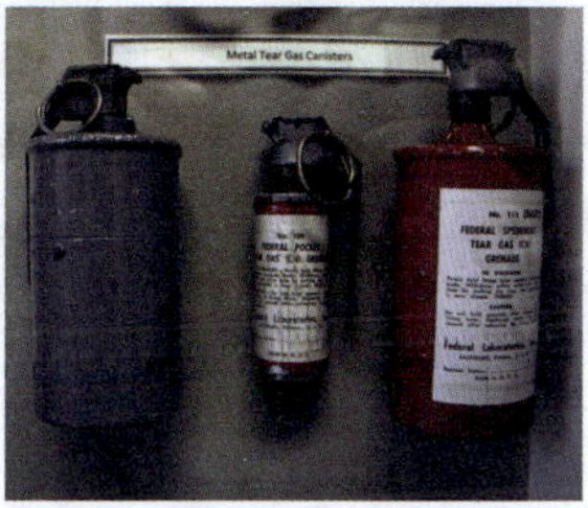	催泪弹是一种装载催泪性刺激剂,可以由喷射或手榴弹形式发射的非致命性化学武器。催泪弹广泛用在暴乱场合以驱散示威者
手雷 	手雷是一种能攻能防的小型手投弹药,也是军事上使用较广、用量较大的弹药。它既能杀伤有生目标,又能破坏装甲车辆
地雷 	地雷是埋入地表下或布设于地面的爆炸性火器,主要用以构成地雷场或地雷群,形成障碍,阻滞敌方行动

续上表

图　示	介　绍
炸　药	炸药是在极短时间内剧烈燃烧、爆炸的物质。它在爆炸时，能释放出大量的热能并产生高温高压气体，对周围物质起破坏、抛掷、压缩等作用
雷　管	雷管是一种爆破工程的主要起爆材料，它的作用是产生起爆能引爆各种炸药及导爆索、传爆管
烟花爆竹	烟花爆竹是指以烟火药为原料配制成的工艺美术品，通过着火源作用燃烧（爆炸）并伴有声、光、色、烟、雾等效果

三、管制器具

部分管制器具图示和介绍见表 2-3。

表 2-3　部分管制器具图示和介绍

图　　示	介　　绍
匕　首	匕首是一种比刀剑更短小的刺砍两用刀具,其外形与短刀和短剑相似
三棱刮刀	一般用于滑动轴承的滑动配合的精加工,如机床主轴、汽车的曲轴瓦等。可作为加工内弧面的工具
跳　刀	跳刀(又称"弹簧刀"),其基本原理是利用弹簧的弹力将刀体弹出。作为管制刀具,个人不得持有
剔骨刀	剔骨刀,又叫碎骨刀,指屠宰中用来切割筋骨、软骨的刀具,刀身短小,质地坚硬
警　棍	警棍是警察执行公务时使用的特制棍棒,一般分为橡胶警棍、伸缩警棍和电警棍等

续上表

图　示	介　绍
催泪喷射器 警 察 POLICE 催泪喷射器 	催泪喷射器是一种非致命性武器,它可以通过喷射化学物质来制造烟雾,并刺激目标的眼睛、鼻子和喉咙,从而迫使其离开现场或放弃抵抗
电击器 	电击器通过瞬间产生高压脉冲,击晕所接触目标或致其休克,达到防身的目的
弩 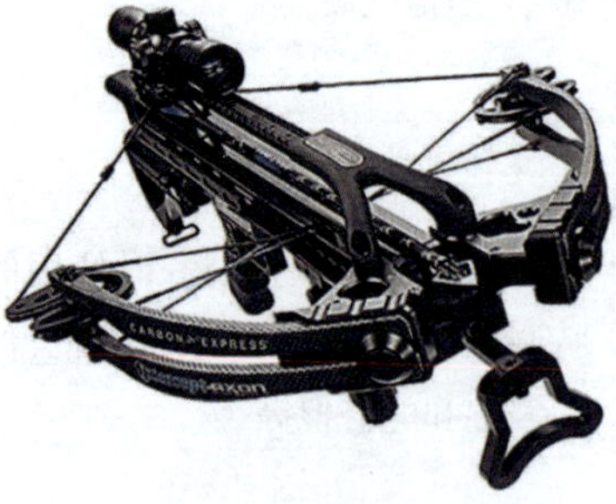	弩是古代的一种冷兵器,是利用机械力量发箭的弓,但它比一般的弓射程更远,杀伤力更强

四、易燃易爆物品

部分易燃易爆物品图示和介绍见表 2-4。

表 2-4　部分易燃易爆物品图示和介绍

图　示	介　绍
甲　烷	甲烷是最简单的有机物，是天然气、沼气、坑气等的主要成分，俗称瓦斯。它可用来作为燃料及制造氢气、炭黑、一氧化碳、乙炔、氢氰酸及甲醛等物质的原料
二甲醚	二甲醚在常压下是一种无色气体或压缩液体，具有轻微醚香味。熔点 -141 ℃，沸点 -29.5 ℃。溶于水及醇、乙醚、丙酮、氯仿等多种有机溶剂。易燃，在燃烧时火焰略带光亮。在辐射或加热条件下可分解成甲烷、乙烷、甲醛等

续上表

图　　示	介　　绍
丁　烷	丁烷一般指正丁烷，是一种常见的烷烃，常温常压下是一种无色、易液化易燃的气体，与空气混合能形成爆炸性混合物，遇热源和明火有燃烧爆炸的危险
天然气	天然气主要由甲烷（85%）和少量乙烷（9%）、丙烷（3%）、氮（2%）和丁烷（1%）组成。主要用作燃料，也用于制造乙醛、乙炔、氨、乙醇、甲醛、烃类燃料、甲醇、硝酸、合成气和氯乙烯等化学物的原料。天然气被压缩成液体进行储存和运输
氟利昂	氟利昂是一种常见的制冷剂，其种类很多，常见的有 R22、R32、R134a 等。氟利昂在常温常压下一般为气体，略有芳香味。在低温加压情况下呈透明状液体。被广泛应用于制冷、发泡、溶剂、喷雾剂、电子元件的清洗等领域

续上表

图　　示	介　　绍
氧　气 	氧是在自然界中分布最广的元素。在烃类的氧化、废水的处理、火箭推进剂，以及航空、航天和潜水中供动物及人进行呼吸等方面均需要用氧
汽　油 	汽油是无色至淡黄色透明液体，具有特殊气味，极易燃烧。其蒸气与空气可形成爆炸性混合物，遇明火、高热极易燃烧爆炸，与氧化剂能发生剧烈反应。其蒸气比空气重，能在较低处扩散到相当远的地方，遇明火会引着回燃
煤　油 	煤油纯品为无色透明液体，含有杂质时呈淡黄色；略具臭味；不溶于水，易溶于醇和其他有机溶剂；易挥发、易燃；挥发后与空气混合形成爆炸性混合气体

续上表

图　示	介　绍
柴　油 	柴油是石油提炼后的一种油质产物。其蒸气在 60 ℃时遇明火会燃烧,燃烧放出大量热;柴油是电的不良导体,在运输、灌装过程中,油分子之间、柴油与其他物质之间的摩擦会产生静电,形成电火花
乙　醇 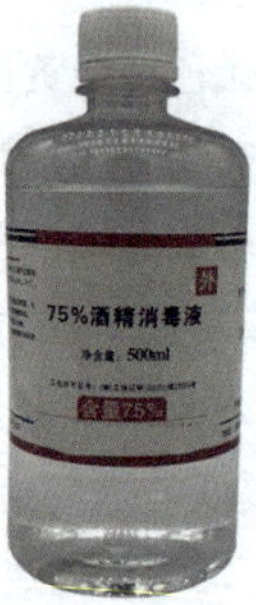	乙醇俗称酒精,常温、常压下是一种易燃、易挥发的无色透明液体。乙醇的用途很广,可用来制造醋酸、饮料、香精、染料、燃料等。医疗上也常用体积分数为 70% ~ 75% 的乙醇作为消毒剂
油　漆 	油漆是以植物油为主要原料的涂料。一般来讲,油漆就是能涂覆在被涂物体表面并能形成牢固附着的连续薄膜的材料,能起到保护、装饰、标志等作用

续上表

图　　示	介　　绍
红　磷	红磷又名赤磷,为紫红色无定形粉末,有光泽,无毒,易燃,遇到氯酸钾、高锰酸钾、过氧化物和其他氧化剂可引起爆炸。红磷用于生产安全火柴、有机磷农药,也用于制备半导体化合物及用作半导体材料掺杂剂
固体酒精	固体酒精并不是固体状态的酒精(酒精的熔点为-114 ℃,常温下是液体),而是向工业酒精中加入醋酸钙使之成为固体形态,广泛应用于餐饮业、旅游业和野外作业
偶氮二异庚腈	偶氮二异庚腈为白色结晶性粉末,不溶于水,溶于醇、醚和二甲基甲酰胺等有机溶剂,主要用作聚氯乙烯、聚乙烯醇、有机玻璃等高分子聚合物的聚合引发剂,也用作塑料、橡胶的发泡剂

续上表

图　示	介　绍
黄　磷	黄磷是一种易自燃的物质，其着火点为 40 ℃，但因摩擦或缓慢氧化而产生的热量有可能使局部温度达到 40 ℃而燃烧。黄磷和白磷实际上指的是同一种物质，之所以有两种名称，是因为黄磷和白磷在不同的温度下呈现出不同的颜色和物理性质
油　纸	油纸是用较韧的原纸，涂上桐油或其他干性油制成的一种加工纸，具有耐折及防水性能，且吸水性好。可供制雨伞或做各种防水、防湿包装使用
锂	锂是一种银白色的碱金属元素，质软，容易受到氧化而变暗，是所有金属元素中最轻的。与其他碱金属相比，锂的压缩性最小，硬度最大，熔点最高。金属锂的化学性质十分活泼，在一定条件下，能与除稀有气体外的大部分非金属反应，也是唯一与氮在室温下反应的碱金属元素

续上表

图　　示	介　　绍
碳化钙(电石) 	碳化钙(电石)为白色结晶性粉末,工业品为灰黑色块状物,断面为紫色或灰色。遇水立即发生激烈反应,生成乙炔,并放出热量。碳化钙是重要的基本化工原料,主要用于产生乙炔气,也用于有机合成、氧炔焊接等
高锰酸钾 	高锰酸钾是一种强氧化剂,为黑紫色结晶,带蓝色的金属光泽,无臭,有毒,杀菌和腐蚀作用明显,与某些有机物或易氧化物接触,易发生爆炸。在化学品生产中,广泛用作氧化剂
过氧化钠 	过氧化钠是一种无机化合物,为黄白色粉末或颗粒。在空气中能迅速吸收水分和二氧化碳。具有腐蚀性,与有机物接触会导致燃烧或爆炸,应密闭保存。可用于漂白动植物纤维、羽毛、兽骨;可作为织物的印染剂,空气中二氧化碳吸收剂,潜艇中换气剂,化学试剂,氧化剂和分析试剂等

续上表

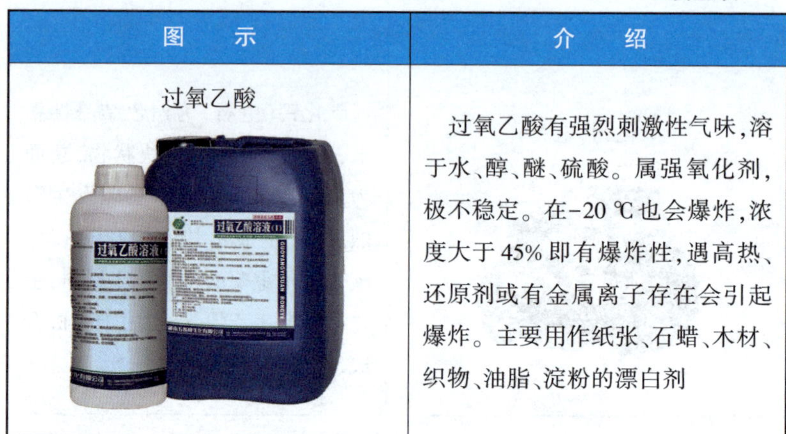

图　　示	介　　绍
过氧乙酸	过氧乙酸有强烈刺激性气味，溶于水、醇、醚、硫酸。属强氧化剂，极不稳定。在-20 ℃也会爆炸，浓度大于45%即有爆炸性，遇高热、还原剂或有金属离子存在会引起爆炸。主要用作纸张、石蜡、木材、织物、油脂、淀粉的漂白剂

五、其他危险性物品

部分其他危险性物品图示和介绍见表2-5。

表2-5　部分其他危险性物品图示和介绍

图　　示	介　　绍
氰化物	氰化物可分为无机氰化物和有机氰化物。无机氰化物多为白色、略带苦杏仁味的晶体或粉末，多易溶于水；有机氰化物多为无色液体。氰化物可经呼吸道、胃肠道和皮肤、黏膜吸收进入体内。氰化物多为高毒或中等毒性化合物，其毒性主要由其在体内释出氰基所引起

续上表

图　　示	介　　绍
砒　霜	三氧化二砷，俗称砒霜，是一种无机化合物，有剧毒，无臭无味，白色霜状粉末，是最具商业价值的砷化合物之一
硒　粉	硒粉是一种无机单质，为深红色至黑色无定形粉末，不溶于水、盐酸和稀硫酸。主要用作催化剂、分析试剂，也可用作制备硒整流器、光电管、光电池
杀虫剂	杀虫剂是指用以防治害虫的化学制剂。包括有机杀虫剂（有机氯、有机磷、有机硫制剂和氨基甲酸酯类与拟除虫菊酯类）、无机杀虫剂（无机砷、无机氟、无机硫制剂）、植物性杀虫剂、矿物油杀虫剂、微生物杀虫剂

续上表

图　　示	介　　绍
农　药	农药是指农业上用于防治病虫害及调节植物生长的化学药剂。广泛用于农林牧业生产、环境和家庭卫生除害防疫、工业品防霉与防蛀等。按用途主要可分为杀虫剂、杀螨剂、杀鼠剂、杀线虫剂、杀软体动物剂、杀菌剂、除草剂、植物生长调节剂等
硫　酸	硫酸是一种无色无味的液体,它是一种高沸点难挥发的强酸,易溶于水,能以任意比与水混溶。硫酸是化学工业中的重要产品之一,可作为许多化工产品的原料
盐　酸	盐酸,学名氢氯酸,是一种强酸。浓盐酸具有极强的挥发性,盛有浓盐酸的容器打开后能在上方看见酸雾。盐酸是一种常见的化学品,一般情况下,浓盐酸中氯化氢的质量分数为36%~38%

续上表

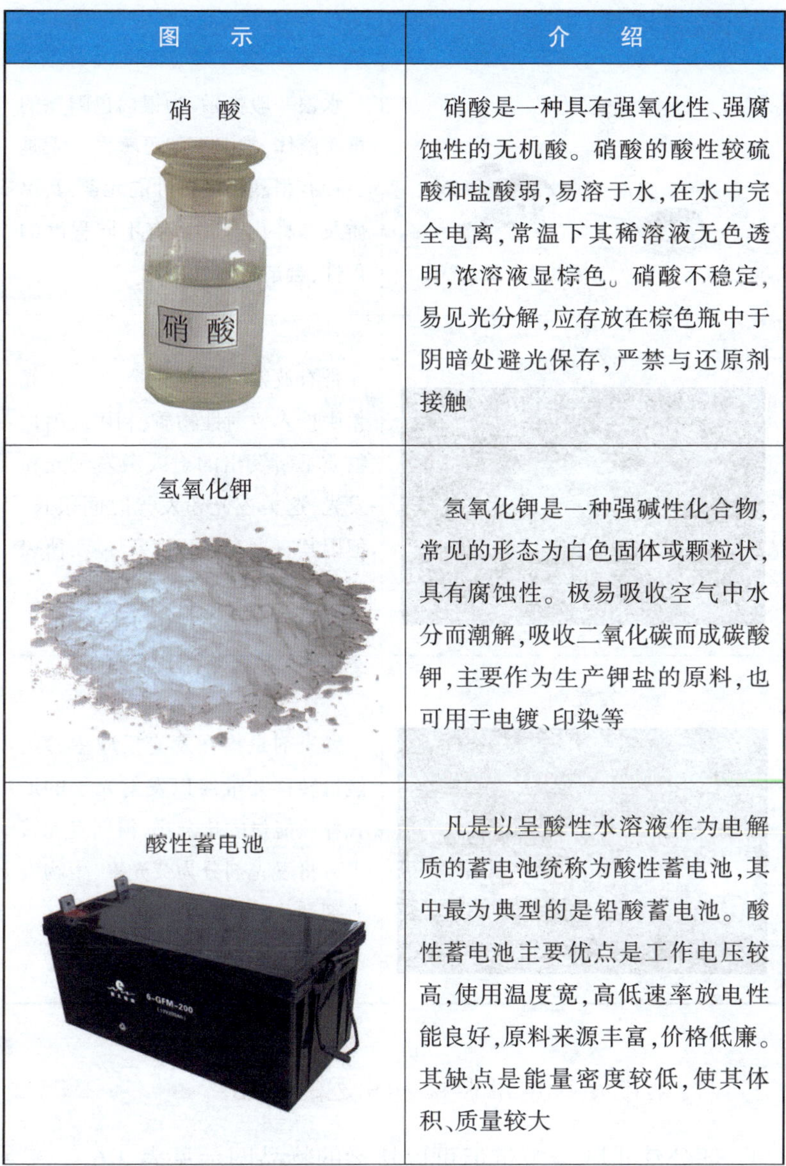

图　　示	介　　绍
硝　酸	硝酸是一种具有强氧化性、强腐蚀性的无机酸。硝酸的酸性较硫酸和盐酸弱，易溶于水，在水中完全电离，常温下其稀溶液无色透明，浓溶液显棕色。硝酸不稳定，易见光分解，应存放在棕色瓶中于阴暗处避光保存，严禁与还原剂接触
氢氧化钾	氢氧化钾是一种强碱性化合物，常见的形态为白色固体或颗粒状，具有腐蚀性。极易吸收空气中水分而潮解，吸收二氧化碳而成碳酸钾，主要作为生产钾盐的原料，也可用于电镀、印染等
酸性蓄电池	凡是以呈酸性水溶液作为电解质的蓄电池统称为酸性蓄电池，其中最为典型的是铅酸蓄电池。酸性蓄电池主要优点是工作电压较高，使用温度宽，高低速率放电性能良好，原料来源丰富，价格低廉。其缺点是能量密度较低，使其体积、质量较大

续上表

图　示	介　绍
水　银	水银一般指汞，为银白色闪亮的重质液体，常温下即可蒸发。汞是一种有强烈神经毒性的元素，其单质及多种化合物都有不同程度的毒性，会造成慢性中毒
夜光粉	带有放射性的夜光粉，是在荧光粉中掺入放射性物质，利用放射性物质不断发出的射线激发荧光粉发光，这类夜光粉发光时间很长，但因其有毒有害和污染环境，所以应用范围小
发光剂	发光剂是指在发光反应中参与能量转移并最终以发射光子的形式释放能量的化合物，根据发光特点可将发光剂分为荧光素、生物发光剂和化学发光剂三种

六、禁止随身携带但可以托运的物品

部分禁止随身携带但可以托运的物品图示见表 2-6。

表 2-6　部分禁止随身携带但可以托运的物品图示

菜刀	水果刀	剪刀
		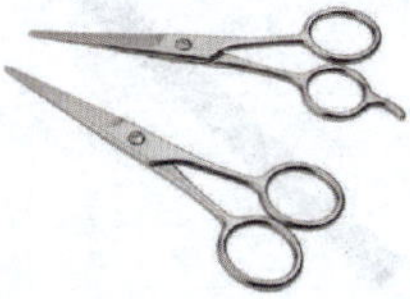
美工刀	雕刻刀	裁纸刀
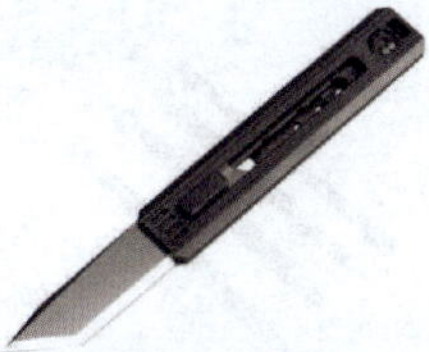	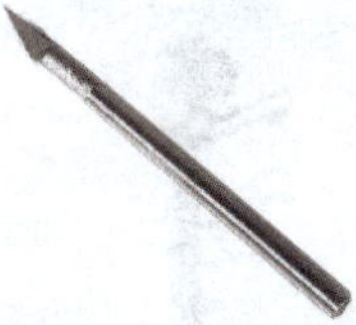	
手术刀	刨刀	铣刀
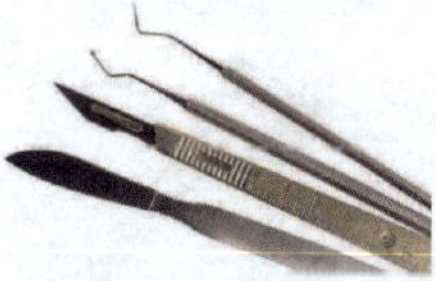		
刀	矛	戟
	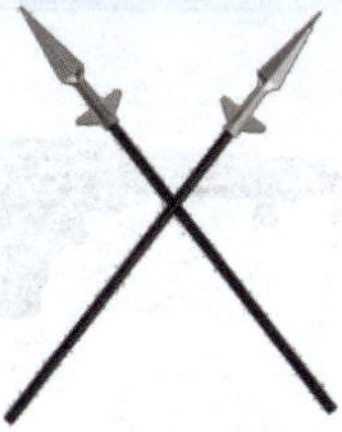	

续上表

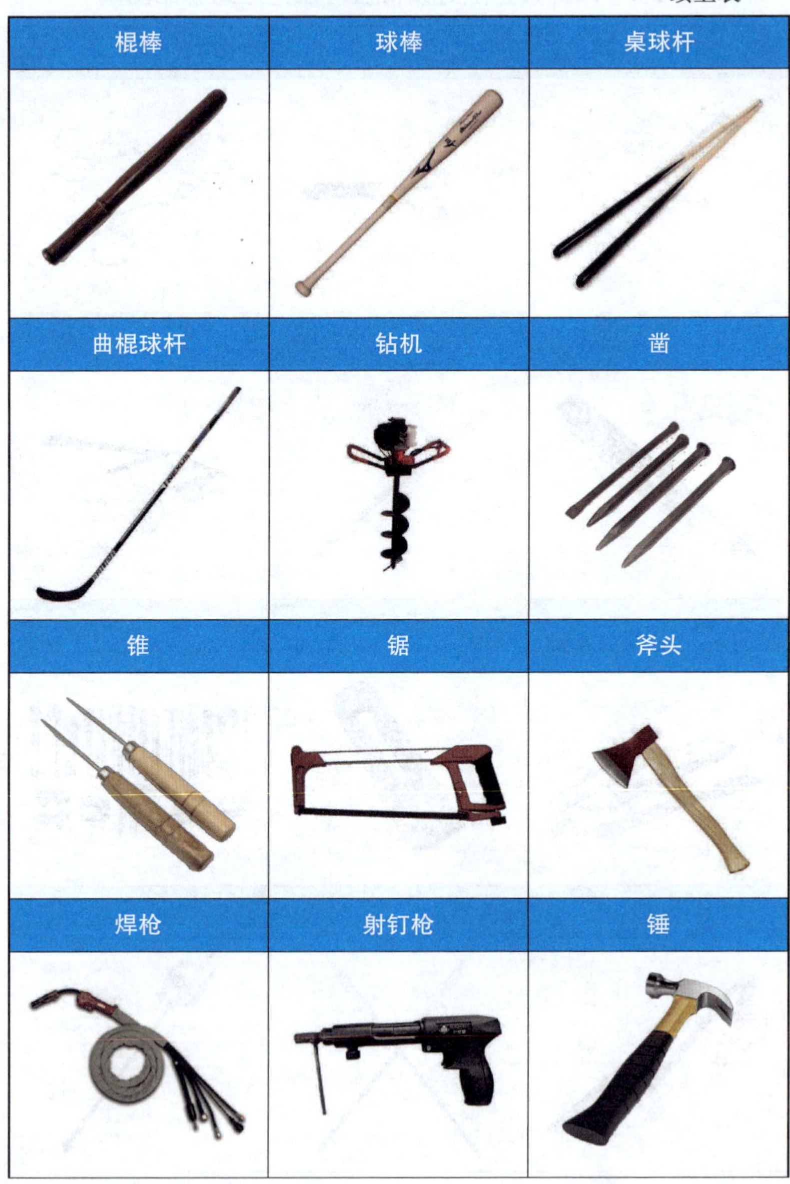

续上表

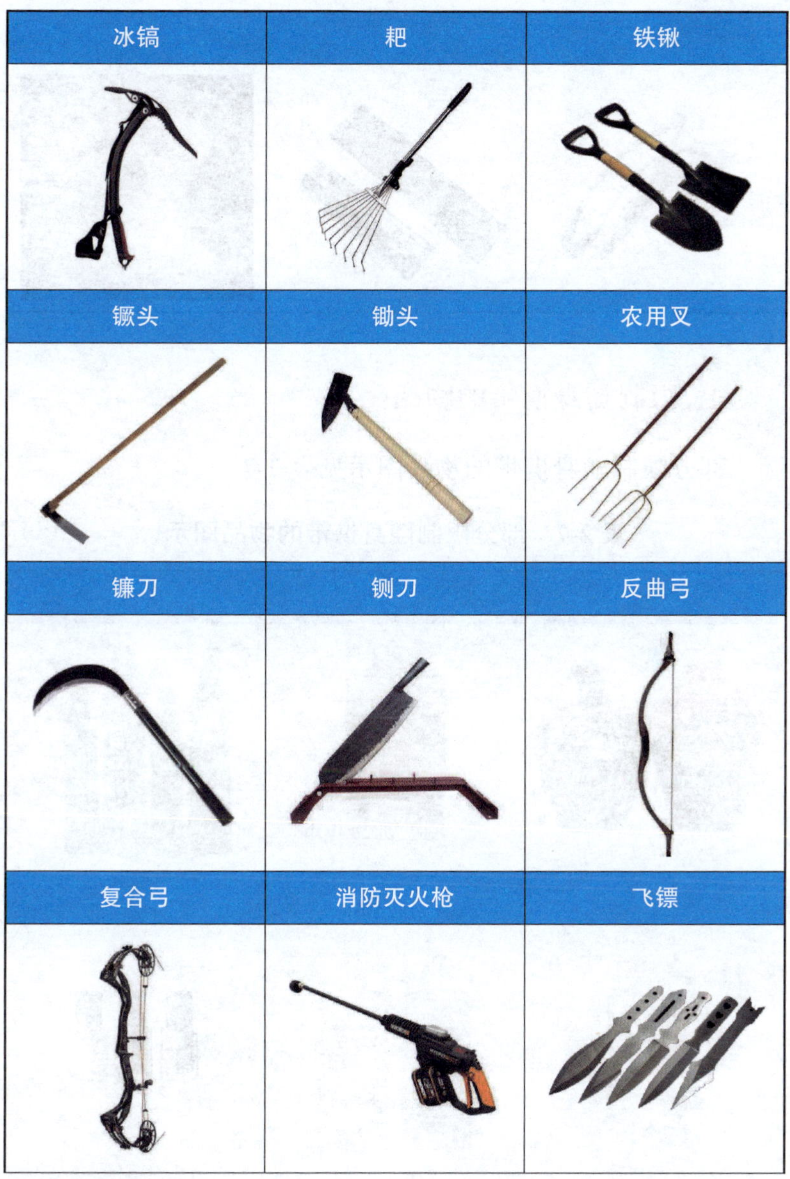

冰镐	耙	铁锹
镢头	锄头	农用叉
镰刀	铡刀	反曲弓
复合弓	消防灭火枪	飞镖

续上表

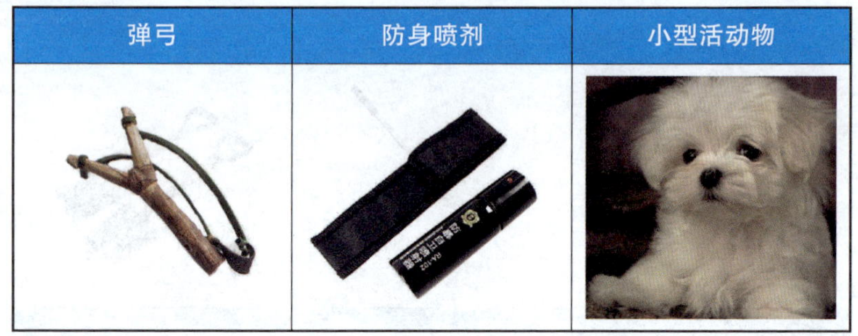

弹弓	防身喷剂	小型活动物

七、限制随身携带的物品

部分限制随身携带的物品图示见表 2-7。

表 2-7　部分限制随身携带的物品图示

酒水	香水	花露水
喷雾	凝胶	指甲油

续上表

去光剂	冷烫精	染发剂

摩丝	发胶	杀虫剂

空气清新剂	安全火柴	打火机

户外电源	电动车锂电池	房车锂电池

第三节　禁限物品认定标准

一、管制刀具认定标准

1. 凡符合下列标准之一的,可以认定为管制刀具:

(1)匕首:带有刀柄、刀格和血槽,刀尖角度小于 60°的单刃、双刃或多刃尖刀。

(2)三棱刮刀:具有三个刀刃的机械加工用刀具。

(3)带有自锁装置的弹簧刀(跳刀):刀身展开或弹出后,可被刀柄内的弹簧或卡锁固定自锁的折叠刀具。

(4)其他相类似的单刃、双刃、三棱尖刀:刀尖角度小于 60°,刀身长度超过 150 mm 的各类单刃、双刃和多刃刀具。

(5)其他刀尖角度大于 60°,刀身长度超过 220 mm 的各类单刃、双刃和多刃刀具。

2. 未开刀刃且刀尖倒角半径 R 大于 2.5 mm 的各类武术、工艺、礼品等刀具不属于管制刀具范畴。

3. 少数民族使用的藏刀、腰刀、靴刀、马刀等刀具的管制范围认定标准,由少数民族自治区(自治州、自治县)人民政府公安机关参照相关标准制定。

刀具结构如图 2-1 所示。

刀柄:刀上被用来握持的部分。

刀格:刀上用来隔离刀柄和刀身的部分。

刀身:刀上用来完成切、削、刺等功能的部分。

血槽:刀身上的专用刻槽。

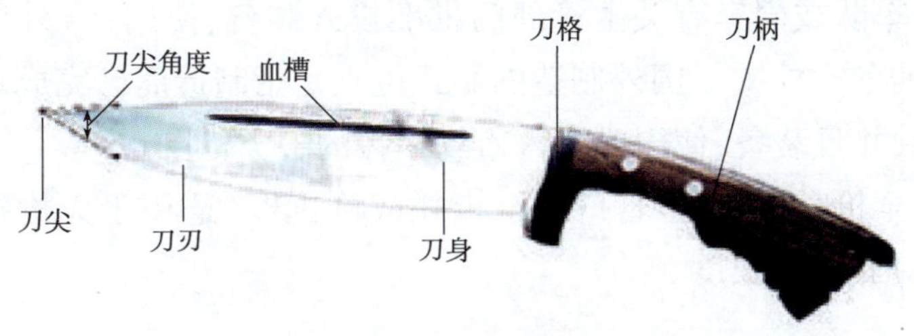

图 2-1　刀具结构

刀尖角度：刀刃与刀背（或另一侧刀刃）上距离刀尖顶点 10 mm 的点与刀尖顶点形成的角度。

刀刃（刃口）：刀身上用来切、削、砍的一边。一般情况下，刃口厚度小于 0.5 mm 的刀具为管制刀具。

二、仿真枪认定标准

1. 凡符合以下条件之一的，可以认定为仿真枪：

（1）符合《中华人民共和国枪支管理法》规定的枪支构成要件，所发射金属弹丸或其他物质的枪口比动能小于 1.8 J/cm^2（不含本数）、大于 0.16 J/cm^2（不含本数）的；

（2）具备枪支外形特征，并且具有与制式枪支材质和功能相似的枪管、枪机、机匣或者击发等机构之一的；

（3）外形、颜色与制式枪支相同或者近似，并且外形长度尺寸介于相应制式枪支全枪长度尺寸的二分之一与一倍之间的。

2. 枪口比动能的计算，按照《枪支致伤力的法庭科学鉴定判据》规定的计算方法执行。

3. 术语解释：

制式枪支：国内制造的制式枪支是指已完成定型试验，并且经军队或国家有关主管部门批准投入装备、使用(含外贸出口)的各类枪支。国外制造的制式枪支是指制造商已完成定型试验,并且装备、使用或投入市场销售的各类枪支。

全枪长:指从枪管口部至枪托或枪机框(适用于无枪托的枪支)底部的长度。

三、其他规定

1. 发现携带枪支、弹药旅客的相关规定

对安检现场查出的枪支、弹药,需按照以下程序处置:

(1)立即进行“人物分离”。

(2)及时上报公安机关并配合进行处理。

(3)上报上级并在“综合登记簿”内做好登记。

(4)如携带枪支、弹药的受检者自称是军人、民警执行任务时,不得私自放行,必须及时上报公安机关进行确认。

2. 携带动物乘坐列车的相关规定

(1)禁止旅客携带宠物上车,包括猫、狗、仓鼠、刺猬等。这些小型活动物需要旅客提前办理宠物检疫证明,并在铁路车站办理托运手续。

(2)作为食物且经密封箱体包装的鱼、虾、蟹、贝、软体类水产动物可携带乘车。

3. 携带行李乘坐列车的相关规定

(1)免费携带品的重量和体积是:儿童 10 kg,外交人员 35 kg,其他旅客 20 kg。每件物品外部尺寸长、宽、高之和不超过 160 cm,杆状物品不超过 200 cm;但乘坐动车组列车均不超过 130 cm。每件重量不超过 20 kg。平衡车、滑行器等轮式代步工具须使用硬质包装物妥善包装。

(2)规格或重量超过上述规定的,不得携带上车,如电动车、摩托车、大型画作等。

(3)依靠辅助器才能行动的老、幼、病、残、孕等特殊重点旅客旅行时代步的折叠式轮椅,以及随行婴儿使用的折叠婴儿车,可免费携带并不计入上述范围。

4. 携带灭火器等喷雾类物品乘坐列车的相关规定

(1)允许旅客携带保湿类、防晒类喷雾,但包装上有危险标志的除外。

(2)允许持有消防员工作证件或与消防工作相关的人员携带灭火器。

5. 关于导盲犬进入车站的有关规定

(1)允许导盲犬进站的条件:

①导盲犬须与主人一同进站。

②导盲犬须佩戴"导盲鞍"。

③犬只主人必须出示本人残疾人证、导盲犬工作证(载有导盲犬使用者信息,盖有内地公安部门或中国残疾人联合会公章,或带有国际导盲犬联盟标识"IGDF",或铁路运输企业认可并公布的证件)、动物健康免疫证明等证件。

(2)除导盲犬工作证外,导盲犬还可通过以下方式进行辨识:

①导盲犬脖子上挂有"狗牌",狗牌一面是狗的相关信息,另一面是狗的照片(磨砂花纹头像)。

②导盲犬背部植入了"芯片",通过扫描该芯片亦可辨别导盲犬身份,公安机关一般备有扫描该芯片的仪器。

第三章 铁路安检设施设备

第一节 手持式金属探测器

一、手持式金属探测器介绍

手持式金属探测器是金属探测器的一种，因使用方式为手握而得名，主要用于工厂防盗、场所安检及考场防作弊，相对于安检门，手持式金属探测器更加精确。通过对金属物品的电磁感应而报警，报警方式主要有声光、振动，或者通过外接耳机声音报警。

研究表明，人的听觉对音量的变化比较迟钝，而对声调的变化比较敏感。因此，手持式金属探测器设计用声调的高低来判断金属材料物件的规格，这是有别于其他同类产品的优点，使用者能够更准确地分辨出不同规格的金属物品。手持式金属探测器如图 3-1 所示。

二、手持式金属探测器结构

手持式金属探测器由以下三部分组成。

1. 机身部分

手持式金属探测器的机身是仪器的主要部分，它装有仪器

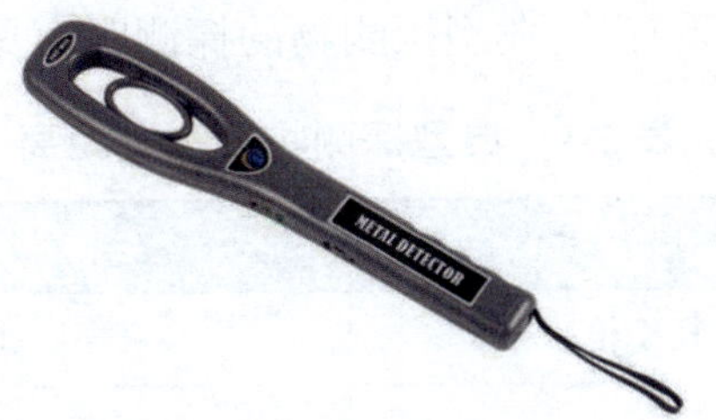

图 3-1　手持式金属探测器

的主要电子元件、电源，报警部分也在其中。

2. 环形部分

环形部分产生恒频率磁场，通过金属切割磁场、破坏恒定频率的原理，确定是否存在金属物及其所在位置。

3. 报警部分

当探头接近金属物品时，小喇叭会发出报警声，以提示安检人员。

三、手持式金属探测器工作原理

手持式金属探测器通过产生和接收交变电磁场来实现探测功能。当探测器靠近金属物体时，会产生一个感应电流，该电流通过与探测线圈相连的负载电阻，从而产生电压差。这个电压差被控制器检测到，就会触发报警装置。

四、手持式金属探测器使用方法

使用设备时，打开电源开关，LED 灯显示绿色时设备可正常工作。当安检人员持探测器扫过金属物品时，设备发出声音或振动，提示存在金属物品。设备的探测灵敏度与被探测物的尺寸、形状、材质有关，典型探测物的探测距离见表 3-1。

表 3-1 典型探测物的探测距离

探测物	探测距离（cm）
38 口径手枪	20
匕首	15
双面剃须刀片	10

探头扫过人体时，若发出低沉的响声，且探头停留在发声处的上方后，响声逐渐消失，则可以基本判定其是一个较小的金属物体，如皮带扣、拉链等；若发出尖锐的响声，即使探头停止不动，响声仍持续不断，则可以基本判定其是一个较大的金属物体，如匕首、手枪等。

五、手持式金属探测器保养维护

（1）金属探测器在不使用时，应将开关置于“OFF”；长期不使用时，应取出电池，并在保存时注意避免短路。

（2）电池槽内所放干电池或镍氢电池的电压为 9 V，不可超过 9 V，否则可能会损坏金属探测器内部元器件。

（3）充电时一定要确定电池仓中放入可使用的充电电池，切不可给干电池充电，避免发生爆炸。

（4）任何情况下都不可以将金属探测器置于水中或者接触大量的水，以免造成内部元器件短路损毁。

（5）使用时避免金属探测器与硬物大力碰撞或从高处跌落而损坏内部元器件。

(6)避免暴露在冰冻、高温、强降雨等恶劣天气中，以防止设备被损坏。

(7)保持设备外表整洁，可用湿布擦洗，但不可用化学清洁剂清洗。

六、手持式金属探测器常见故障及维修方法

(1)开机1～2 s后振动或者报警不停。大多数情况是因为仪器灵敏度过高或者电压不足。可将设备灵敏度调低，调整后仍不能排除的，可给电池充电或更换新电池。

(2)开机红灯长亮，不报警、不振动。一般为设备停用时，电池未取出，电池长期缓慢放电导致电量不足。可以更换新电池，或查看电池盒是否有电池漏液造成的污染。如有污染，要及时清洗，否则会腐蚀损坏电池扣和电路板。可以用纯酒精或专用电子清洗剂清洗。

(3)开机后探测任何物品都报警或轻微晃动也报警。一般是因为将灵敏度调得过高，或在调高灵敏度探测细小金属后，没有及时调到原来正常位置。只需将灵敏度适当调低即可。

(4)开机后或稍后出现长鸣现象。设备开关往前是高灵敏度，往后为较低灵敏度，中间是关闭状态。当出现长鸣时，只要在设备正面的中部按下复位键按钮即可解决。

(5)开机后反应时好时坏。一般为电池接触不良所致，打开电池盒重新压紧；如果电池扣过松，用钳子轻轻夹紧即可；如电池扣没有弹性或损坏，更换新电池扣，更换时避免正负两极反接。

第二节 安 检 门

一、安检门介绍

安检门,也称金属探测门(图 3-2),是一种检测受检人员有无携带金属物品的探测装置。安检门主要应用在机场、车站、大型会议等人流较大的公共场所,用来检查人身体上隐藏的金属物品,如枪支、管制刀具等。部分安检门可以做到当受检人员从安检门通过,人身体上所携带的金属超过根据重量、数量或形状预先设定好的参数值时,安检门即刻报警,并显示造成报警的金属所在区位,帮助安检人员及时发现其随身携带的金属物品。

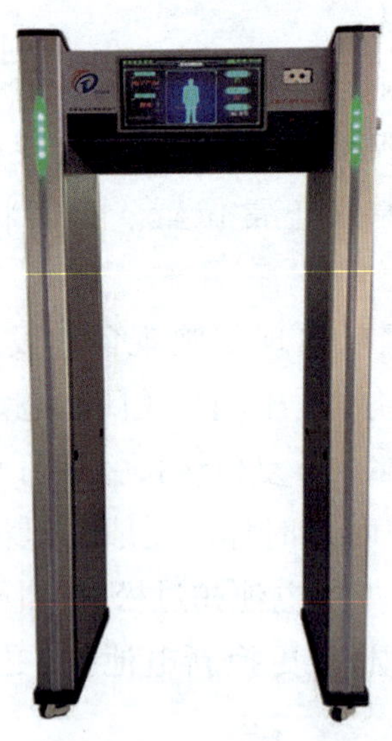

图 3-2 安检门

二、安检门结构

常见安检门的结构如图 3-3 所示。

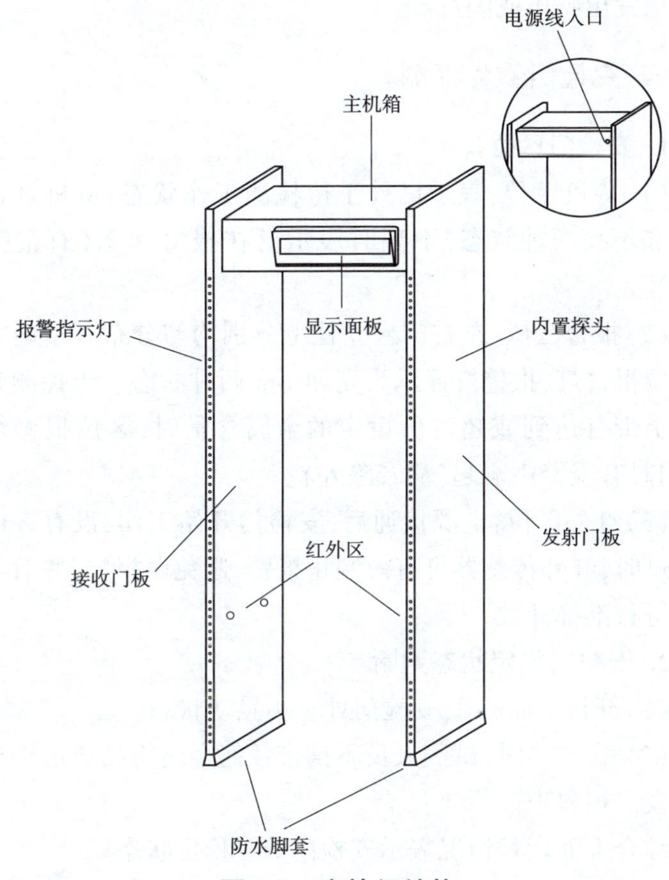

图 3-3　安检门结构

三、安检门工作原理

安检门是一种利用电磁感应原理进行金属物品检测的设

备。它的两侧产生迅速变化的磁场,这些磁场对人体不产生作用,但金属例外。因为金属在这样的磁场下会产生涡电流,而涡电流又会产生一个磁场。当安检门探测到这个新磁场时,就会自动发出鸣声或闪灯。

四、安检门物件探测

1. 安检门区位说明

(1)待机区位:表示已处于待检测工作状态,待机灯显示为亮和不亮两种状态,不亮时表示已在报警状态(有报警灯指示)。

(2)报警区位:左右门板立柱上分别均匀分布有精确定位的区位报警灯,报警灯显示为亮和不亮两种状态。当探测到受检人员带有达到或超过所设定的金属含量时,区位报警灯亮起,同时有报警声响起(静音除外)。

(3)红外区位:电源接通后,安检门开始工作,没有人或物体通过时,红外传感器可有效制止报警,避免误报警,并对通过人数进行准确计数。

2. 安检门稳定状态判断

(1)开机 1 min 后,安检门处于不晃动状态。

(2) 在试测时,试测人员不携带任何金属物品通过安检门不会发出报警声。

综合上面两种情况表示安检门处于稳定状态。

3. 安检门物件探测调节

(1)选择一件小金属为样品,该样品作为安检门不探测的界限,例如一串钥匙。

(2)将灵敏度调高,让受检人员带金属样品通过安检门,并发出报警声。

(3)适当将灵敏度调低,再一次携带样品通过探测门,若仍有报警声发出,再一次调低灵敏度,直到样品通过时刚好不发出报警声为止。

注:如在某个区域要降低灵敏度,只需调节相对应的区位。经过上述调节,对小于样品的金属物品就不会报警,而对大于样品的金属物品则能够准确无误地探测到。

4. 安检门的通过规定

(1)在安检门前后通道 50 cm 处画一条等候线,以便受检人员排队逐个通过。

(2)受检人员通过安检门时,需先将携带的金属物品(如钥匙等)取出。

(3)受检人员应排队逐个通过安检门,不可以拥挤,且以正常步伐通过,不可以故意急冲或缓行,不可以碰撞门板。

(4)受检人员通过安检门时,完全通过后若无报警声,下一个人方可继续通过,若有报警声,待报警声停止后第二个人方可通过。

(5)当受检人员通过安检门发出报警声,说明其身上隐藏有金属物品,根据区位的显示可用手持式金属探测器准确查出所隐藏的位置。

五、安检门功能键

(1)各分区灵敏度调整键。各分区灵敏度都可以通过区位灵敏度数码管右边对应的按键操作调节。按【↑】键数码管数字增大,按【↓】键数码管数字减小。区位灵敏度范围从 0 到 99 级,可根据需要进行调节。

注:区位灵敏度调整实际是在总信号基础上进行部分衰减,数字越大,表示该区被衰减量越小,灵敏度越高;数字越小,表示该区被衰减量就越大,灵敏度越低。

(2)总灵敏度调节键。总报警灵敏度设置的数值越大,仪器灵敏度越高;数值越小,仪器灵敏度越低。可根据需要设置适当的灵敏度级数。报警灵敏度的数值大小,表示报警灵敏度的高低。总灵敏度级数越小,表示很大的金属物才能报警;总灵敏度级数越大,表示很小的金属物就能报警。

(3)工作频率选择键。按下面板上的【频率】按键,显示“F※”代表进入工作频率设置。仪器有8种工作频率,分别由F1~F8表示,选择工作频率可直接按【频率】按键到显示该频率即可。

(4)报警时间键。按下面板上的【时间】按键,显示“H※”代表进入报警时间设置。报警延时时间设置有1~8 s,根据需要报警时间长短输入相应的数字即可。

(5)报警音量键。按下面板上的【音量】按键,显示“L※”代表进入报警音量设置。报警音量设置有1~8级,根据需要报警声音大小输入相应的数字即可。

(6)报警音调键。按下面板上的【音调】按键,显示“U※”代表进入报警音调设置。报警音调设置有多种,根据需要报警声音音调输入相应的数字即可。

六、安检门操作方法

1. 安检门操作步骤

(1)将配带的电源线插在安检门的插座上,须与主机中的电源插法相对应,然后通电。

(2)通电后,按电源键开机。

(3)开机后试测安检门:

①开机后安检门应该处于不晃动状态下。

②在试测时,试测人员不携带任何金属物质的物品完全通过安检门不会发出报警声;试测人员携带金属物质的物品完全通过安检门会发出报警声。

(4)若测试过程中发现区位灵敏度过高或过低,需调低或调高其区位灵敏度。

2. 安检门使用注意事项

(1)室内型安检门不能淋雨,在露天下使用应加盖雨棚。

(2)安装前须分清左右探头(门板)及相应标识的位置。

(3)安检门不得安装在高温、潮湿的环境中。

(4)安装地点尽量远离电力线及通信电缆线。

(5)安装地点应远离风大的位置,保证平稳地安装在平整、无振动的地面上,人通过时避免与门发生碰撞。

(6)安检门周围 2 m 内不应有大件的金属和强磁场,以免发生干扰。如果安装场地附近门是金属材质,安检门与门之间的距离须在 1 m 以上。

(7)受检人员通过时应严格遵守设定好的待机或报警时间(1 s 以上),逐个通过,不得拥挤在安检门周围干扰红外感应。

(8)安检门开机后自检 1 min 才能达到最佳检测效果。

(9)非专业人员不得擅自拆卸、调节电器控制箱上的元器件。

(10)如有污尘时,用布蘸水或酒精轻轻擦洗,不能用水或其他化学溶剂擦洗。

(11)安检门内有高压电,非专业人员不得擅自开启,杜绝其他人为意外发生。

七、安检门保养维护

(1)定期清洗和保养:金属安检门在使用过程中不可避免地会受到各种污染和摩擦。因此,定期对其进行清洗和保养非常必要。特别是门闸口、电磁控制器、屏幕和传感器等部分,需要定期清洗和保养。

(2)常规检查:在使用金属安检门之前,需要进行常规检查。例如,检查门闸口是否完好,检查电磁控制器是否正常工作,检查报警设备是否正常等。

(3)防止过载使用:过度使用金属安检门可能会导致其过载,因此应根据地点和时期的需要适当使用,减少对设备的过度使用。

(4)保持干燥:金属安检门通常由金属制成,因此应保持干燥。在使用过程中,最好避免室内潮湿,以免影响设备寿命。

(5)定期检修:定期检修是金属安检门保持良好状态和延长使用寿命的关键。保养和检修计划应根据设备的性质和使用情况而定,定期更换易受损部件,确保设备能够保持良好的运作状态。

八、安检门常见故障及维修方法

(1)安检门红外不计数。检查主机箱内左右门探头是否插紧;检查左右门红外头附近是否有红外干扰,例如:红外监控头、红外遥控器(按下按键时)、户外太阳光下照射等。若均无前述问题,需更换红外头。

(2)安检门无法正常工作。可能是电源适配器损坏或电压不稳定,可尝试更换新的电源适配器或稳定电压,确保电源供应正常;也可能是控制电路故障导致,检查控制电路是否接触良好,及时进行清洁或更换;还可能是软件故障导致,可重新安装软件或更新到最新版本。

(3)安检门频繁误报。可能原因包括:①安检门不稳固;②附近有大件的金属或强磁场;③附近有变频设备工作,包括装有变频器的电梯等;④附近有相近频率设备工作,比如相邻两台安检门工作频率设置相近,会相互产生干扰;⑤电动机、电视、移动电话等都会对安检门产生电子干扰。需避免和移除这些干扰,一般更换安装位置即可解决干扰问题。

第三节　X 射线安检仪

一、X 射线安检仪介绍

X 射线安检仪是借助于输送带将被检查行李送入 X 射线检查通道而完成安全检查的电子设备,主要应用在政府机关、机场、车站、码头等安全检查场合的入口处,用于检测行李中的禁限物品,能够高效率、高质量地完成安全检查任务。

最新的 X 射线安检仪采用了数字化技术,可以提供更高清晰度和分辨率的图像,并且具有更高的检测灵敏度和更高的安全性。此外,最新的 X 射线安检仪还采用了新的技术和算法,例如多频段分析和深度学习算法,可以更准确地识别危险品和禁限物品,提高安检效率。同时,最新的 X 射线安检仪还具有更低的辐射剂量,对人体没有危害。X 射线安检仪如图 3-4 所示。

图 3-4　X 射线安检仪

二、X 射线安检仪结构

1. X 射线安检仪的主要组成部分

X 射线安检仪的主要组成部分包括:操作台,操控 X 射线安检仪;检验厢;X 射线发射器,用于照射箱包并转化成 X 射线能量;显示器,可呈现箱包的 X 射线图像。

2. X 射线安检仪的其他组成部分

X 射线安检仪的其他组成部分包括:传送带,用于移动箱包进入 X 射线安检仪;铅帘门,防止 X 射线外泄;行李滑道,使箱包离开传送带;急停按钮。

X 射线安检仪结构如图 3-5 所示。

三、X 射线安检仪工作原理

被检物品进入 X 射线检查通道,将阻挡包裹检测传感器,检测信号被送往系统控制部分,产生 X 射线触发信号,触发 X 射线的射线源发射 X 射线束。X 射线束穿过输送带上的被检物品时,X 射线被被检物品吸收,触发安装在通道内的半导体探测器。探测器把 X 射线转变为很弱的电信号,电信号被放大

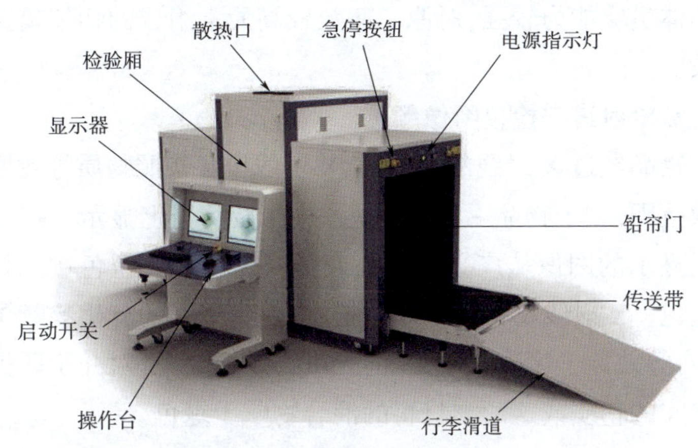

图 3-5　X 射线安检仪结构

后送到信号处理机做进一步处理，电信号经处理后通过显示器显示出来。一般来说，无论箱包有几层，X 射线都能穿透，能够将箱包内的物品一层一层地显示出来。

X 射线安检仪工作原理示意如图 3-6 所示。

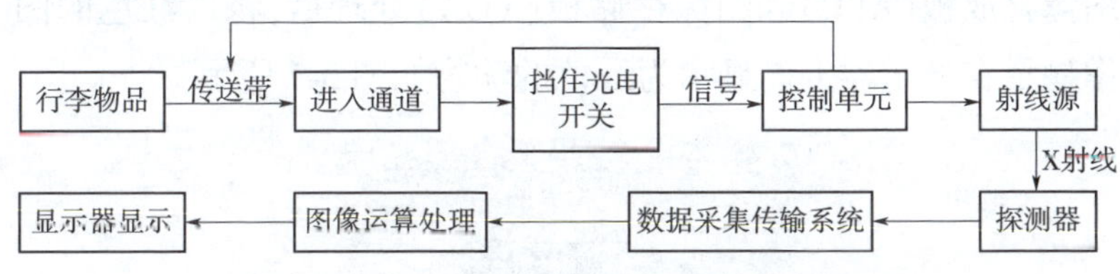

图 3-6　X 射线安检仪工作原理示意

四、X 射线安检仪图像解析

1. 影响 X 射线穿透能力的因素

X 射线的波长很短，对各种物质都具有不同程度的穿透能力。影响 X 射线穿透能力的因素有：X 射线的能量、被穿透物质的结构和原子性质。同一 X 射线，对原子序数较低元素组成的物体贯穿能力较强，对原子序数较高元素组成的物体贯穿能力较弱。

2. X 射线安检仪图像颜色

物品经过 X 射线的穿射后，X 射线设备按照物质等效原子序数范围，赋予物品一定的颜色，并在显示器上显示。在显示器上显示的图像从广义上分为四类：①红色；②橙色；③绿色；④蓝色。X 射线设备对等效原子序数小于 10 的有机物赋予橙色，对等效原子序数大于 18 的无机物赋予蓝色，对介于两类材料之间的物质或这两类材料的混合物赋予绿色。

(1)红色——非常厚、X 射线穿不透的物体。

图像显示为红色的物体主要是密度大或体积厚的物体。因为密度较大或体积较厚，严重削弱 X 射线的穿透力，X 射线无法有效地穿透物体，就会使探测板无法正常接收 X 射线。这时探测板将向中央译码板(CAG)发出信号，经过信号处理板(DSP)、图像合成板(ALU)和图像存储板(VGA)处理后，将以红色的图像显示在显示器上。显示为红色的动物如图 3-7 所示。

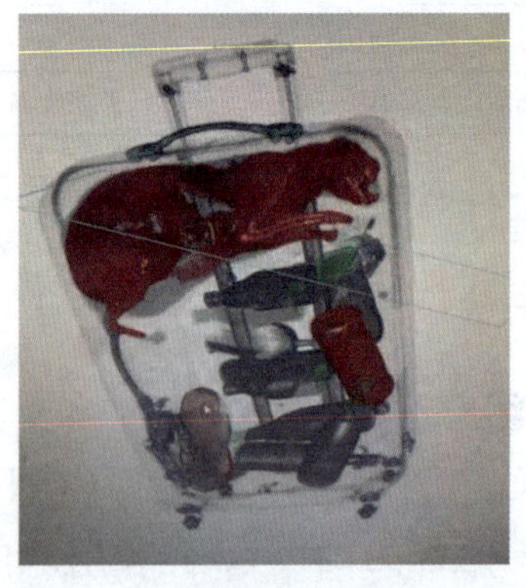

图 3-7　显示为红色的动物

(2)橙色——有机物(原子序数小于 10 的物质)。

橙色是有机物在显示器上显示的颜色,常见的有机物包括油、炸药、油漆、香蕉水等物体。在 X 射线安检仪的使用规则中规定,有机物是指由原子序数小于 10 的化学元素组成的物体,这些物体主要是由氢、碳、氮和氧组成。无论何种物质只要其组成元素中大部分的元素是由这四种元素组成,则显示在显示器上的图像颜色均为橙黄色、暗黄色或土黄色。显示为橙色的液体有机物如图 3-8 所示。

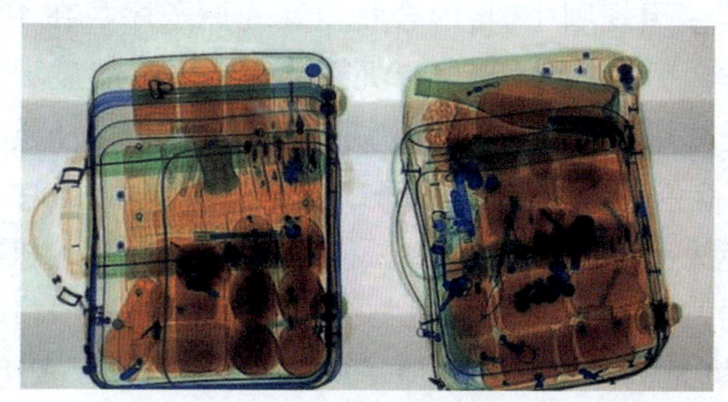

图 3-8　显示为橙色的液体有机物

用 X 射线安检仪判断一个物品是否是有机物,主要的依据是其在显示器上显示的形状和颜色,由于有机物种类繁多,形状多样,相似性强,所以判断起来比较困难。例如炸药,尤其是 TNT 炸药,其形状和显示的颜色与肥皂极为相似,判断起来较为困难,这就要求安检人员不但要了解其形状和显示颜色,还要根据其周围的物品来判断。另外,各种油类放在相同的容器内显示的图像颜色也差不多。

(3)绿色——混合物(原子序数在 10~18 之间的物质),以及有机物与无机物的重叠部分。显示为绿色的有机物与无机物重叠部分显示如图 3-9 所示。

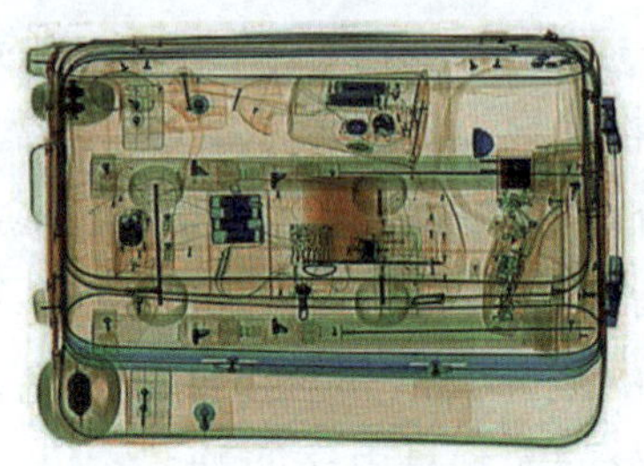

图 3-9　显示为绿色的有机物与无机物重叠部分

绿色为混合物的颜色,主要的物质为铝、硅等。在 X 射线安检仪的使用规则中,将混合物定义为原子序数在 10～18 之间的物质。另外,无机物与有机物重叠时也可能显示为绿色。这时就需要用无机物与有机物剔除键来判断物体性质。

(4)蓝色——无机物(原子序数大于 18 的物质)。

蓝色为无机物的颜色,如铁、铜、锌、钢等都为无机物,禁限物品中的刀、枪等主要由无机物组成。在 X 射线安检仪的使用规则中,将无机物定义为由原子序数大于 18 的元素组成的物质。由于无机物的密度由小到大相差甚远,所以不同无机物所显示的蓝色按其密度的大小分为浅蓝色、蓝色和深蓝色(近似黑色)。

观察无机物的最好方法是用黑白显示器观察,因为黑白显示器显示的颜色比较单一,只是灰度不同,更有利于看清楚物体的形状,尤其适合对刀枪的检查。

物质实物与图像对比情况如图 3-10 所示。

3. X 射线安检仪图像灰度

物体密度不同,厚度不同,X 射线通过物体发生的衰减率就不同,在图像上显示的灰度也就不同。因此,灰度是被扫描物体的密度与厚度这两个参数的共同反映,物体密度越大,灰度就越大;厚度越大,灰度也越大。

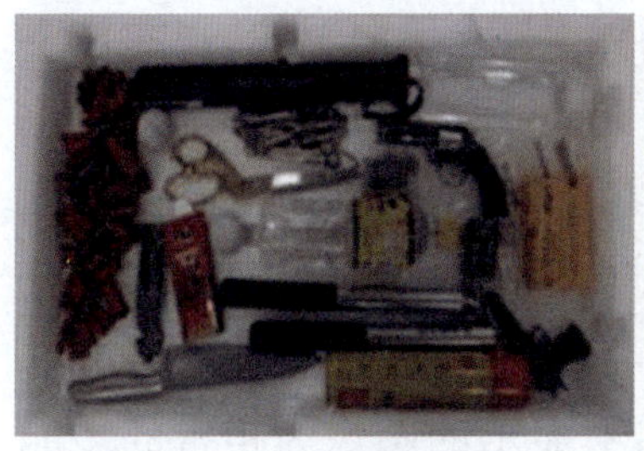
（a）实物图

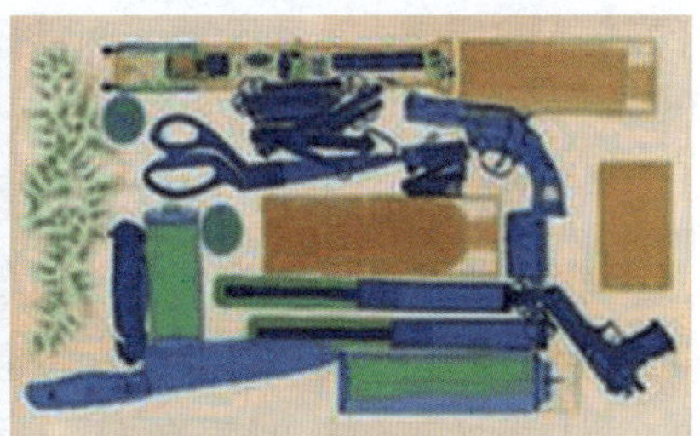
（b）显示图

图 3-10　物质实物与图像对比情况

五、X 射线安检仪功能键

在图像识别过程中，有时会遇到各种物质重叠或者要转换图像对比度的情况，这时就需要安检人员对图像进行功能键处理。

1. X 射线安检仪功能键介绍

（1）紧急断电按钮。在出现紧急情况时，按下紧急断电按钮可以使系统立即关闭。重新开机时，只要复原这一按钮并按下通电开关即可。

（2）传送带前进键。按下传送带前进键，传送带开始运转。

（3）传送带倒退键。持续按下传送带倒退键，传送带倒退循环运转，直到此键被释放抬起时停止，系统在传送带反向运行期间一般不执行物品检查，除非系统被设置成反向扫描或连续扫描。

（4）方向键（选区键）。使用方向键来选择希望放大的区域，其在放大状态下同样有效。

（5）放大键（ZOOM 键）。每次按下放大键，选中区域图像将被放大。

（6）彩色/黑白图像转换键（C/B 键）。按下彩色/黑白图像转换键后，彩色显示器上的图像将变成黑白图像，再次按下将恢复。

（7）图像增强键。图像增强键用于启动或关闭图像增强功能。

（8）剔除键。当需要对图像中不同物品的成分进行区分时，可使用有机物/无机物剔除键。

①未按下该键时彩色显示器上显示的图像为正常的多能量图像。

②当第一次按下该键时，机器对显示器上的图像进行处理，将显示图像中表示无机物的颜色剔除。这时显示器上图像的颜色多为橙色，也就是有机物成像的颜色。这样可以更好地对炸药、易燃、易爆等物品进行观察。

③当第二次按下该键时，将显示图像中表示有机物的颜色剔除。这时显示器上图像的颜色多为蓝色，有助于观察金属制品（如刀枪等）。

④当第三次按下该键后图像恢复正常状态（在前两次按下该键时其对应的指示灯一直点亮）。

（9）反转键。反转键可以使图像显示黑白反转的效果。当需要识别密度较低的物品或颜色较浅的部分时，可使用反转键帮助判图。反转键使用效果如图 3-11 所示。

（a）实物

（b）未使用反转键

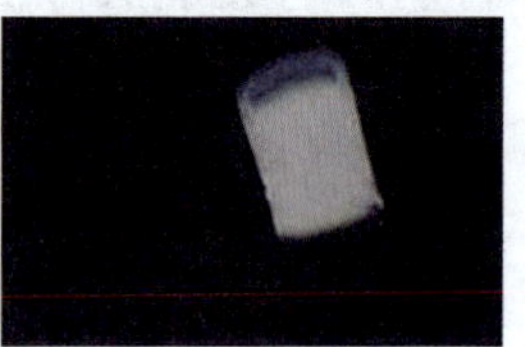
（c）使用反转键

图 3-11　反转键使用效果

(10)加亮键。可以利用对比度增强的方式实现对图像中较暗物体的观察。当图像较暗时,可使用加亮键帮助判图,必要时可使用超强加亮键。

(11)CAT 动态扫描键。按下 CAT 动态扫描键后,图像将根据饱和度进行变动,以便能更明确地观察被检物体。动态扫描的原理是根据图像饱和度的高低,使图像的亮度按饱和度的不同从低到高不停变化。如果这时按下 E1 键,动态扫描的方向将发生变化。如果按下 CAT 动态扫描键后再按下 E2 键,此时正在动态扫描的图像将被冻结。

(12)穿不透报警键(ALARM 键)。按下穿不透报警键后,图像中显示为暗红色的地方将由白变红、由红变白地不停闪烁,该闪烁位置是一些密度较大的物体,由于射线无法穿透造成探测板接收不到该区域的 X 射线,从而在显示器上无法识别。该键的作用是提醒操作人员注意射线穿不透的物体。

(13)E0、E1、E2 键。

①E0 键的功能是使图像中灰度级较低部分的灰度提升,也就是使图像变亮、颜色变浅。这样更容易看清楚密度大的物体(此种方法是通过机器内部的各种计算得到的,并不是按下此键后射线剂量增大而使操作人员能看清高密度的物体)。正常情况下,射线穿过密度大的物体后只有极少量能打到探测板上,造成接收信号不好,所以无法识别高密度的物体。按下 E0 键后,控制板将会通知信号处理板与图像合成板对探测板接收后传回的信号进行放大处理,使操作人员有可能识别高密度物体。不过由于探测板接收的信号微弱,所以按下 E0 键后并不一定能够完全看清。

②E1 键的工作原理与 E0 键相同,但其功能与 E0 键相反,

E1 键是使图像中灰度级高的变低，这样容易识别密度较小的物体。

③E2 键的功能是使图像反转，即将灰度级高的变低，灰度级低的变高，暗的变亮，亮的变暗。

2. X 射线安检仪功能键使用

(1)当图像较暗时，应使用加亮键来帮助判图，必要时可使用超强加亮键。

(2)当需要识别密度较低的物品或物品颜色较浅的部分时，可使用加暗键或反转键来帮助判图。

(3)当需要对图像中不同物品的成分进行区分时，可使用有机物/无机物剔除键。

(4)可使用传送带前进键、倒退键控制传送带前后转动。

(5)当图像需要进一步判读时，应使用停止键控制传送带。

六、X 射线安检仪操作方法

1. X 射线安检仪操作步骤

(1)清除 X 射线安检仪输送带通道内杂物。

(2)检查通道进口及操作台上红色紧急停止按钮，应顺时针旋转弹起，否则设备不能上电。

(3)检查机器是否放置平稳，电源插座是否接有地线。

(4)插上电源，顺时针旋转钥匙开关至打开位置，然后按一下启动按钮(绿色按钮)，此时机器两端绿色电源灯亮起，整机通电并自动启动电脑。

(5)等待电脑完全启动后，点击打开 X 射线安检仪应用程序，3 s 后进入应用程序界面，机器开始自检，输送带运行，“滚筒指示”和“数据传输”按钮显示绿色。

(6)进入用户登录界面,输入用户名和登录密码进行登录。

(7)用鼠标点击或者按下键盘上前进键,输送带正向运行,受检人员将行李放在输送带上开始进行检查。

(8)当长时间没有行李通过时,用鼠标点击或者按下键盘上停止键,输送带停止运行,机器进入待机状态。

(9)当有行李在通道内没有出来时,可以用鼠标点击或者按下键盘上倒退键,输送带反向运行,待行李退出后,用鼠标点击或者按下键盘上停止键,输送带停止运行,当行李退出后勿长时间反转,否则输送带易跑偏。

(10)关机时按下键盘上"ESC"退出键,此时会弹出提示"关闭计算机"和"返回程序"按钮。点击"关闭计算机"会退出X射线安检仪应用程序,点击"返回程序"则不退出。

(11)退出到电脑开机画面后,依次点击"开始-关闭计算机-关闭",电脑会自动关机,此时可将"钥匙开关"逆时针旋转至关闭位置后拔掉开机钥匙。

(12)耐心等待机器绿色指示灯自动熄灭,机器断电。

(13)设备断电后拔掉插头,将机器置于干燥通风处保存。

2. X射线安检仪使用注意事项

(1)为达到更好的使用效果,X射线安检仪安装环境应干燥通风,如果环境潮湿应做好防水措施,以延长机器使用寿命。

(2)使用前应检查设备的外壳面板、显示器、键盘及电缆是否损伤,机器是否放置平稳,检查滚筒是否运转顺畅。

(3)通电前须检查通道入口和出口处用于防止X射线泄漏的铅门帘是否完好,如有损坏,需立即更换。

(4)检查传送带是否完好,是否有危害被检行李的尖刺和污迹,机器的液晶屏禁止尖锐的硬物擦碰或撞击。

(5)检查操作台上的锁是否存在被人损坏的迹象。

(6)检查机器所有外壳均已盖好,检查设备的电源插座是否可靠接地。

(7)机器的任何调试和维修须由专业技术人员操作,未经允许不得私自改装或增加任何附件。

(8)输送带运行时不要站或坐在输送带上,请勿用手触摸传送带的边缘和两端滚轮。当输送带不走或者时走时停,应立即检查滚筒和输送带是否打滑或卡死,否则会烧坏电动滚筒。

(9)使用标示电压,为防止漏电在接入电源前连接漏电保护器。

(10)操作台和机器上禁止放置水杯及食物,防止液体渗入机器引起短路。

(11)当机器使用环境温度低于5℃时应提前预热,行李通过前应清除行李上的水渍及冰雪。

(12)机器长时间不使用时,应移至干燥通风处保存。

(13)X射线安检仪须由经过辐射安全防护培训并取得岗位所需资质的安检人员操作,严禁未经培训人员在放射性岗位工作。

七、X射线安检仪保养维护

1. 日常的保养维护

(1)设备应安装在通风、灰尘少、干燥的环境中,忌高温、潮湿和日光直接照射。

(2)保养时先对设备除尘,用毛刷和吸尘器将灰尘清除干净。

(3)发现元件或者接线头有松动的情况,要立刻进行紧固。

(4)有元件锈蚀时,必要情况下需更换。

(5)如果有元件损坏时,应查明原因,排除故障后更换新的器件。器件更换以后,相关参数都要进行调整,才能正常使用。

(6)维护时不能让异物或者水进入设备,以防引起漏电或者引发事故。

2. 保养维护的具体内容

(1)检查X射线指示灯:X射线指示灯指示系统的工作状态,如果指示灯失效,须立即对设备进行检查,必要时更换X射线指示灯。

(2)检查全部控制部件:检查操作键盘和机壳上的所有控制零件、急停开关、按键和指示灯的机械特性和电子功能。

(3)检测系统功能:主要检测功能包括输送带正向和反向运行;开机后通道中有存留包裹时输送带能自动进行相应处理;图像停止运行再运行的拼接功能。

(4)检查铅门帘:检查通道出入口铅门帘条,如短缺、损坏,应予替换。

(5)检查输送带:如果输送带撕裂,特别是边缘处的撕裂,可能会造成对被检物品的危害。因此,损坏的输送带应予更换。

(6)检查托辊:损坏托辊的轮轴会产生噪声,并会引起发动机过载,须及时更换磨损的托辊。

(7)检查发动机:损坏的发动机可能漏油,进而沾污被检物品。并且损坏的发动机可能导致发动机过载,同时产生较大的噪声。

(8)检查输送带跑偏:若输送带跑偏左右超过15 mm,则要进行调整。

(9)检查电源电压:为避免损坏电子部件,要定期检查设备的输入电压。如果设备使用了交流稳压器,稳压器的输入和输出电压都要检查。

(10)检查急停开关:检查设备所有的急停开关按下时是否都能关断设备。

(11)设备清洁:定期对设备的电子部件、输送带和显示器进行清洁保养。

(12)风扇部件的清洁:风扇上的过滤网用来滤除空气中的灰尘,灰尘过多时须进行清洁。

(13)光障的清洁:设备使用中须定期清洁光障灰尘,以免出现故障。

(14)检查盖板:严重变形或损坏的盖板、挂板应予更换,以免操作人员和旅客受到人身伤害。

(15)检查风扇部件:风扇损坏应予更换。

(16)检查显示器调整功能和图像质量:调整前应小心擦拭显示器屏幕。

(17)检查X射线控制器:X射线控制器须由专业人员进行调整。

(18)检查探测器板:探测器板须由专业人员进行检查。

(19)检查保护接地线:用欧姆表测量机壳接地线和设备其他接地点对地的电阻。

(20)功能测试:设备通电,检查所有电源指示灯是否都点亮;检查时间日期是否显示正确;检查X射线发射指示灯在设备自测试期间是否点亮;检查输送带是否能反向运行;检查设备系列图像处理功能。

八、X 射线安检仪常见故障及维修方法

(1)X 射线安检仪电源故障:可能表现为电源指示灯不亮,设备无法启动。首先检查电源线和电池是否有电,如有需要,进行更换。如果问题仍然存在,须联系售后人员进行检查和维修。

(2)X 射线安检仪图像不清晰:可能表现为图像模糊、分辨率降低等。重新打开机器并重新设置参数,如果仍然不清晰,需要联系售后维修人员进行检查和维修。

(3)X 射线安检仪的图像接收装置故障:可能表现为图像无法正常传输或丢失。检查图像接收装置是否正常工作,如有需要,进行更换或维修。

(4)X 射线安检仪的操作控制故障:可能表现为操作面板无响应或响应迟钝。检查机器的操作面板是否正常工作,如有需要,进行维修或更换。

(5)X 射线安检仪的传送带异常,可能表现为传送带速度不稳定或传输失败。检查传送带是否正常工作,如有需要,进行更换或维修。

(6)X 射线安检仪的射线源故障:可能表现为射线无法正常发射或强度不足。检查射线源是否正常工作,如有需要,进行更换或维修。

(7)X 射线安检仪的探测器故障:可能表现为图像无法被正确探测或传输。检查探测器是否正常工作,如有需要,进行更换或维修。

(8)X 射线安检仪的计算机系统故障:可能表现为系统崩溃、无法连接或数据丢失等。检查计算机系统是否正常工作,如有需要,进行重启或更新系统。

(9)X 射线安检仪的外部设备连接故障:可能表现为无法正常连接外部设备或数据传输失败。检查外部设备的连接是否正常,如有需要,进行更换或维修。在处理外部设备连接故障时,需要注意设备的接口类型,以及驱动程序是否正确安装。如果问题仍然存在,需联系制造商或售后进行进一步的检查和维修。

第四节　液体安检仪

一、液体安检仪介绍

液体安检仪是一款专门用于探测易燃易爆液体的安检仪器。该探测仪能够在不直接接触液体的情况下将液体炸药、汽油、丙酮、乙醇、香蕉水等易燃易爆液体与水、可乐、牛奶、果汁等安全液体区分开。

手持式液体安检仪体积小、分析快、操作简便,被广泛应用于车站、地铁、机场、公检法政府机构、大型运动会等场所的安检作业。手持式液体安检仪如图 3-12 所示。

图 3-12　手持式液体安检仪

二、液体安检仪工作原理

(一)台式液体安检仪

台式液体安检仪主要分为拉曼光谱和介电常数技术,基于介电常数技术的台式液体安检仪采用微波反射法和热传导法技术。

(1)微波反射法工作原理:通过分析非金属容器对微波信号的反射回波来判断容器所装液体的性质。

(2)热传导法工作原理:对金属容器表面进行加热,由于不同液体的比热容不同,导致吸收的热量不同,通过测量金属容器表面的温度变化即可判断容器内液体的性质。

(二)手持式液体安检仪

手持式液体安检仪采用准静态计算机断层扫描技术,对被检测液体发射电磁波,并对反射的电磁波进行介电常数分析。通过测定待测液体的介电常数和电导率,判断其易燃易爆性。

三、液体安检仪操作方法

1. 台式液体安检仪

(1)开启电源开关,启动仪器。

(2)等待系统启动完毕,显示主界面及"准备检测"字样,说明仪器已自检。

(3)将装有液体的塑料、玻璃、陶瓷等非金属容器平稳地放入右侧检测区域,容器应紧贴探测器,容器中的液体量应超过检测点,放置后手迅速离开检测区域,以得到正确的测试结果。

(4)将装有液体的金属容器放入左侧检测区域,检测方法同上。

(5)等待黄色指示灯亮起,表示正在检测中。

(6)检测结果:绿色指示灯亮起,表示被检液体是安全的;红色指示灯亮起并伴有蜂鸣声,表示被检液体是危险的。

(7)检测完毕后,将被检容器从检测区域上取走,系统将记录检测时间、结果及类型,并等待下一次检测。

2. 手持式液体安检仪

(1)使用仪器前,先对仪器进行自检。

(2)手持仪器,使其探头贴紧装有待测液体的容器,并保持低于液体的表面,按下检测开关,观察指示灯反应。

(3)检测结果:指示灯为绿色,说明容器内未检测出易燃易爆液体;指示灯为红色并伴有蜂鸣声,说明液体具有危险性;指示灯为黄色,说明操作不当,应修正操作姿势,重新检测。

四、液体安检仪保养维护

(1)长期不使用设备时,应取出电池盒内的电池,把设备存放在阴凉、干燥处。

(2)保持设备干燥。在雨天使用时,在不影响检测结果的情况下,做好防潮措施后使用;如果设备被打湿,应取出电池,待设备完全晾干后方可重新装入电池使用。

(3)禁止将设备放在过热的地方。高温会缩短电子设备的寿命,使一些塑料部件、外壳变形或熔化。

(4)禁止将设备放在过冷的地方。否则当设备温度升高至常温时,其内部会形成潮气,毁坏电路板。

(5)禁止扔放、敲打或震动设备。粗暴对待设备会毁坏内部电路板及精密的结构。

五、液体安检仪常见故障及维修方法

(1)指示灯不亮,设备不能使用。检查电池盒是否发生接触不良,或者电池电量不足等情况。

(2)指示灯一直显示红绿交替闪烁,检查不能正常进行。查看传感器是否完全接触所检液体的容器表面。

第五节　爆炸物/毒品检测仪

一、爆炸物/毒品检测仪介绍

爆炸物/毒品检测仪基于离子迁移谱原理,能够快速、准确地检测并判断爆炸物及毒品的种类,广泛应用于民航、地铁、铁路、物流、重点安防等领域对行李、货物表面残留的毒品、爆炸物等违禁物的快速检测,以及对可疑物成分的现场快速鉴定。

便携式爆炸物/毒品检测仪具有检测速度快、检测灵敏度高、功耗低、体积小、质量轻、便于携带、易于维护、使用环境适应性强等特点,能同时准确检测出黑火药及几乎全部爆炸物和毒品。

便携式爆炸物/毒品检测仪如图 3-13 所示。

图 3-13　便携式爆炸物/毒品检测仪

二、爆炸物/毒品检测仪工作原理

爆炸物/毒品检测仪工作原理是离子迁移谱技术。离子迁移谱,也称离子迁移率谱,最早是在20世纪70年代初出现的一种新的气相分离和检测技术。产生离子迁移的原因,是当绝缘体两端的金属之间有直流电场时,这两边的金属就成为两个电极,其中作为阳极的一方发生离子化并在电场作用下通过绝缘体向另一边的金属(阴极)迁移。通过真空吸附或擦拭的方法,将极微量的炸药成分采集到探测器的入口中,经系统转化,产生反应之后,电离后的样品带电分子进入电离门,通过电离门后面的电场,记录下离子在电场中的飞行时间。因为不同物质其电离特性不同,以及物质本身的不同,会形成差异,导致到达系统的时间也不同,系统根据这些时间差,可以判断出该物质的成分。

三、爆炸物/毒品检测仪操作方法

1. 准备阶段

在开始操作之前,确保已经选择了适合的毒素检测产品,并且已经准备好使用说明。不同的毒素检测产品可能有不同的操作步骤和注意事项,因此务必认真阅读使用说明。

2. 采样和处理

根据检测仪的要求,选择适当的采样方法和处理步骤。某些检测仪可能需要使用特定的试剂或吸附剂处理样本。确保按照仪器说明书上的指导正确操作。

3. 测试和观察

将处理后的样本放入检测仪中进行测试。根据产品的类型观察不同的指标，如颜色变化、荧光信号等。一旦有显色剂与特定的毒素接触，立即观察是否有颜色变化。

4. 记录和分析

记录测试结果，包括颜色变化、荧光信号等。根据产品的指导，分析这些结果以确定是否存在特定的毒素。一些毒素检测产品需要经过一段时间才能看到最终的颜色，需要耐心等待。

5. 结论和应用

根据测试和分析结果，得出结论并采取适当的措施。如果探测到毒素，应根据相关法规和安全标准采取适当措施。

四、爆炸物/毒品检测仪保养维护

(1)定期清洁设备表面，保持设备清洁干燥。

(2)定期校准设备，确保设备的准确性和可靠性。

(3)定期检查设备部件，如发现损坏或老化现象，应及时更换。

(4)设备长时间不使用时，应将电池取出，防止电池泄漏对设备造成损坏。

(5)进行维护保养前，先断开电源，确保作业安全。

五、爆炸物/毒品检测仪常见故障及维修方法

(1)设备无法开机。检查电源插头是否插好，电源是否正常。

(2)设备无法检测。检查样品是否符合设备要求，以及设备是否校准。

(3)检测结果不准确。检查设备是否靠近电磁干扰源，是否需要重新校准。

(4)设备操作异常。检查设备是否遭受过撞击或摔落,是否有其他损坏。

第六节 其他安检相关设备

一、便捷式扩音器

便携式扩音器是指一种方便携带的扩音装置,大都具备体积小、质量轻、操作简便等特点。随着科技的进步和发展,便携扩音器也不再是仅仅局限于一般扩音使用,新的功能不断完善,支持收音、录音功能,还有的支持远程遥控功能。便捷式扩音器如图 3-14 所示。

图 3-14 便捷式扩音器

二、手持对讲机

手持对讲机是一种体积小、质量轻、功率小的无线对讲机,适合于手持或袋装,便于个人随身携带,能在行进中进行通信联系,其功率一般 VHF 频段不超过 5 W、UHF 频段不超过 4 W。通信距离在无遮挡的开阔地带一般可达到 5 km;在无线通信网络的支持下，通过中转台通信距离可达 10 km 以上。该设备适合近距离的各种场合下流动人员之间的通信联系。手持对讲机如图 3-15 所示。

图 3-15　手持对讲机

三、灭火毯

灭火毯或称消防被、灭火被、防火毯、消防毯、阻燃毯、逃生毯，是由玻璃纤维等材料经过特殊处理编织而成的织物，能起到隔离热源及火焰的作用，可用于扑灭油锅起火或者披覆在身上逃生。灭火毯如图 3-16 所示。

图 3-16　灭火毯

四、警用器械

1. 防爆罐

防爆罐是一种可防范及减弱爆炸物品爆炸时对周边人员及物品造成损伤的器材。按形状划分可分为桶型与球型两种，也称为防爆桶和防爆球。根据实际使用情况可配装牵引车。防爆罐如图 3-17 所示。

图 3-17 防爆罐

2. 防爆毯

防爆毯是由高强度防弹纤维材料制成，具有耐磨、防水、质轻、携带方便、操作简单、抗爆性强等特点。可有效防护爆炸物产生的冲击波和碎片，可以避免或减轻对周围人员、贵重仪器、文物档案和特殊公共场所的损坏。防爆毯如图 3-18 所示。

3. 防暴叉

防暴叉是一种有效的约束性器械，由不锈钢制成，重量仅 2 kg 左右。防暴叉一端是 U 形叉口，另一端是把手，没有锐利棱角，通过钢叉中央的按钮可使其伸缩。防暴叉是一种配合器械，在歹徒行凶的过程中，可用钢叉抵住其身体，使其不能随便

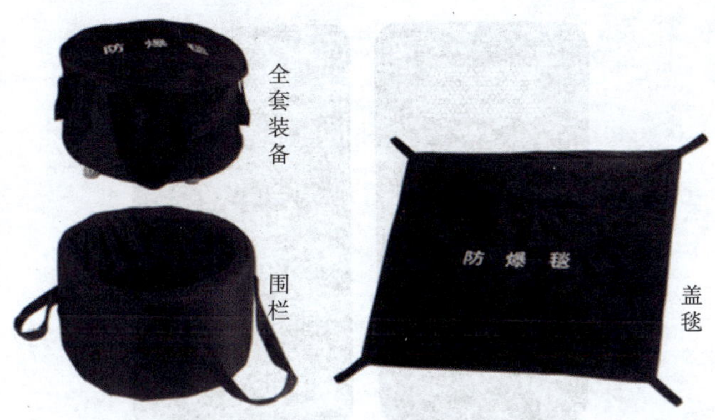

图 3-18　防爆毯

移动，随后可用其他防暴警械进行制服。防暴叉具有轻便灵活的特点，广泛应用于反恐行动中。防暴叉如图 3-19 所示。

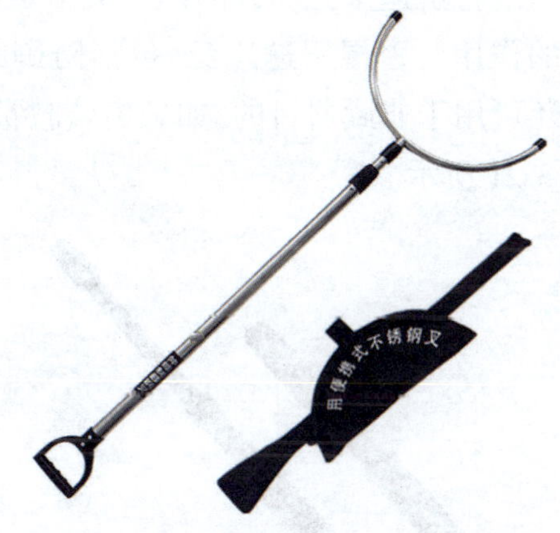

图 3-19　防暴叉

4. 防暴盾牌

防暴盾牌是一种安检人员的防护器材，一般用于格挡行凶者的刀具、棍棒等凶器，也可用盾牌戳击行凶者。防暴盾牌如图 3-20 所示。

图 3-20　防暴盾牌

5. 警棍

警棍通过精准打击违法犯罪人的四肢或指定部位，达到威慑、制服、控制的作用。警棍用途广泛，包括防御封锁、进攻击打、控制押解，还可用于非武器目的，如破窗营救被困车内人员等。警棍如图 3-21 所示。

图 3-21　警棍

第四章
铁路安检作业

第一节　安检工作流程和模式

一、安检工作流程

1. 岗前准备

(1)集合点名:安检当班负责人根据工作要求,集合安检人员,开展点名工作,执勤人员须全部到位。

(2)着装检查:各岗位人员整理上衣、标识、裤子、鞋子等,发现问题及时调整。

(3)到达现场:按要求提前到达执勤现场。

(4)分配岗位:按照任务要求,按小组分配岗位,确定小组组长。

(5)传达要求:安检当班负责人现场叙述各岗位的岗位职责、注意事项等。

(6)分配装备:以小组为单位,配发对讲机、对讲耳机、取证仪器、手持探测仪等装备。

(7)检查装备:测试、检查装备的性能,确定装备的使用分工(装备如有问题须及时上报安检当班负责人,以便及时调整)。

2. 开展执勤

(1)文明执勤:安检各岗位人员要做到语言文明、动作文明、微笑执勤。

(2)检查安检设备:值机员提前开启安检设备,其他岗位人员配合进行安检设备性能检测。

(3)事件处置:发现不配合检查者,安检人员须立即上报组长,组长与其沟通,如无效果,上报安检当班负责人及现场公安人员,请求指示。经检查发现受检人员携带疑似禁限物品的,安检人员应立即请对方配合,进行复查。对于查出的禁限物品,安检人员须按规定妥善处理。

(4)查获物品的保管:查获物品在集中处理前暂时存放在车站设置的安检查获物品存放场所。收缴的物品须集中存放,并做好书面记录,禁止据为己有。

3. 任务结束

(1)做好交接班:本班各岗位与下一班对应岗位做好交接班工作。

(2)上交查获物品:安检人员上交查获物品,组长负责盘点,核对记录本。以小组为单位,配合安检当班负责人,向相关部门上交查获物品。

(3)上交装备:组长负责检查对讲机、对讲耳机、取证仪器、手持探测仪等装备的使用情况,检查无问题,上交安检当班负责人。

(4)关闭设备:当日最后值勤的班组,待安检当班负责人下达停止工作命令后,各小组关闭安检设备。根据需要,做好设备断电、防雨、防盗、防破坏等保管工作。

(5)收队撤回:各小组进入集合地点,安检当班负责人整队清点人数，讲评执勤工作，收队撤回。

二、安检模式

1. 常态安检模式

最低级别的安检模式为常态安检模式，其主要适用于日常情况，执行标准为逢包必检、逢液必检、逢人必检，遇有突发事件或纠纷等其他情况及时联系属地公安机关。

2. 加强安检模式

较高级别的安检模式为加强安检模式，其主要适用于重要的节假日期间，执行标准为逢包必检、逢液必检、逢人必检、逢疑严检。安检人员服从各安检点的驻点民警指挥。

3. 特别安检模式

最高级别的安检模式为特别安检模式，其主要适用于特殊时期，按照政府和公安机关要求，需要重点防范时采用，执行标准为逢包必检、逢液必检、逢人必检、逢疑严检，全面开展人身安检工作。各安检点每班至少增设一名安检人员。安检点上的安检工作由民警指导，武警、特警等力量参与安检作业。必要时实行二次安检程序。

第二节　安检人员岗位规定

一、安检人员一般职责

（1）遵守各项法律法规和铁路各项规章制度，服从铁路各级领导管理，对违法违规的现象应予拒绝并及时向上级报告。

（2）严格遵守劳动纪律，不迟到早退，不擅离职守，不做与工作无关的事情。

(3)按规定着装上岗,佩戴标志要规范,自觉维护安检人员岗位形象,认真履行岗位职责,配合其他安检人员做好安检工作。

(4)参加业务培训和考核,提高业务能力。

(5)熟练掌握各种安检设备的操作及禁限物品识别方法。

(6)按照“逢包必检”的安检要求,负责宣传引导旅客进入安检区域。

(7)对可疑物品进行针对性探测,确定物品性质,及时移交现场民警处理并做好记录。

(8)对无异常的行李物品,疏导旅客尽快离开安检点,以便旅客快速通行。

(9)广泛宣传与安检有关的法律法规,文明值岗,态度和蔼,遇事讲究方式方法,做到以理服人。

(10)维护、保持工作区域清洁卫生。

二、安检人员各岗位职责

1. 引导员岗位职责

(1)观察受检人员的动向,向值机员和手检员预警可疑人员和物品。

(2)及时提醒受检人员携带的可能影响手检效果的金属物品、电子设备等在手检前取出,同时提醒携带行李物品的受检人员将包放入X射线安检仪检查,分流无行李受检人员快速通过。

(3)协助检查人员对不配合安检的人员进行劝导。

(4)控制受检人员的流动进程,合理安排受检人员梯次进入预备状态,防止安检通道拥挤。

2. 值机员岗位职责

(1)熟记易燃、易爆和其他禁止、限制携带物品的种类及其典型外部特征。

(2)熟练使用X射线安检仪,能通过图像识别各种危险品,及时、准确地发现可疑人员和可疑物品。

(3)严格遵守报告程序,及时、准确并采用适当的方式(尤其注意避免惊动危险分子)将安检作业中遇到的各种情况或信息转达给处置员或其他当班同事。

(4)负责所有安全检查设备的摆放和保管。

3. 手检员岗位职责

(1)严格执行"男不检女"的规定。

(2)仪器和人工相结合进行检查。

(3)根据身体的形状,从上到下,从左到右,通过接触、按压和使用金属探测仪等方式探查隐藏的物品。

(4)遇有安检门、金属探测器报警时,应将金属物品取出或判明后进行复检。

(5)重点检查的部位有肩胛、胸部、腋下、腰部、臀部、裆部、大小腿内侧、脚踝。

(6)立即收缴受检人员随身携带的危险物品,并通知安检负责人和公安人员处置,无危险物品、禁限物品的受检人员予以放行。

4. 处置员岗位职责

(1)在常态安检模式和加强安检模式下,负责对通过X射线安检仪的可疑行李或其他物品进行开包检查。

(2)负责提醒受检人员,防止误拿行包或物品。

(3)负责对X射线安检仪检验出的液体进行复检,并按规定逢液必检。

(4)配合引导员,提醒未在X射线安检仪检查行李或物品的受检人员按规定将其行李或物品放在X射线安检仪内。

(5)负责填写安全检查工作记录簿。

三、安检人员各岗位的配合

1. 岗位间配合

(1)引导员与手检员的配合。

当引导员发现有漏检的受检人员并来不及劝导、阻止时,应及时提醒手检员对漏检的受检人员进行引导和检查。

(2)值机员与处置员的配合。

当值机员认为需要对受检人员的物品进行开包检查时,应及时提醒处置员做出反应,告知处置员哪个包(包的形状等特征)需要进行开包检查。处置员接到值机员示意后,应及时对相应的包进行检查。

(3)引导员、处置员与值机员的配合。

当引导员或处置员发现X射线安检仪入口(出口)处有“卡包”、液体洒漏或其他意外情况时,须及时提醒值机员按下X射线安检仪暂停键,并根据现场实际情况做出反应和处理。

2. 配合的关键因素

(1)人流量大小。根据人流量大小预判其他岗位人员是否需要协助,提前做好协助的准备。

(2)老弱病残孕幼受检人员。老弱病残孕幼受检人员通过安检时,尽可能主动上前服务,并协助其他岗位开展工作。

(3)携带物品数量。如遇受检人员携带物品数量较多时,应提前做好岗位间的协作准备。

(4)不熟悉安检流程的受检人员。受检人员不熟悉安检流程时,要做好协助其他岗位的准备,以提高安检效率。

铁路安检设备摆放和各岗位人员站位示意如图 4-1 所示。

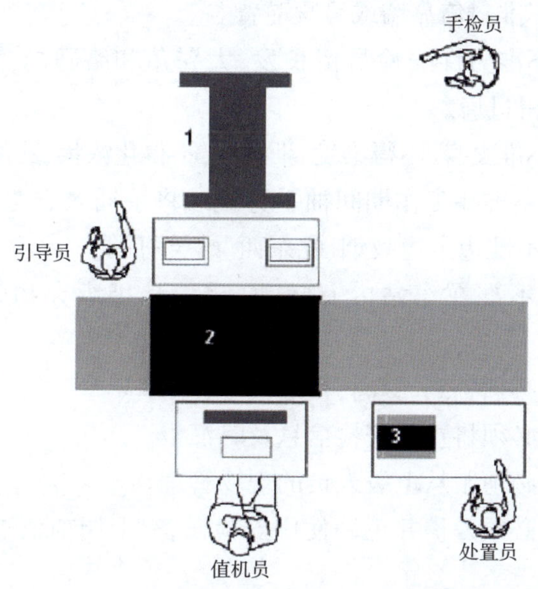

1—安检门；2—X射线安检仪；3—液体检查仪

图 4-1　安检设备摆放和各岗位人员站位示意

四、安检工作纪律

安检人员行为规范及工作纪律如下:

(1)必须精神饱满、姿态端正。

(2)必须动作规范、举止文明。

(3)必须着制服上岗。

(4)必须着装整洁,不准披衣、敞怀、挽袖、卷裤腿、穿拖鞋或赤足。

（5）必须在工作中使用文明语言。

（6）不准在执岗时有趴桌、托腮、睡觉现象，不准嬉笑打闹、大声喧哗。

（7）不准斜倚靠墙或弓腰驼背。

（8）不准男性安检员留长发、大鬓角和络腮胡，女性安检员发辫不得过肩。

（9）不准文身，不得染发、染指甲，不得化浓妆、戴过多首饰。

（10）不准在工作期间袖手旁观或将手插入衣兜。不准搭肩、挽臂，不准边走边吸烟、吃东西、嬉笑打闹。

（11）不准在车站内有随地吐痰、乱扔废弃物等不文明行为。

（12）必须签到、签离，不准代签、补签。

（13）必须将重要安检信息及时汇报。

（14）必须服从上级人员的现场管理。

（15）必须爱护并正确使用安检设备，上岗前清点、检查所用设备。

（16）必须及时、准确地对检查出的禁限物品及人身抽查情况进行登记，并将查没物和受检人员的自弃物及时上交。

（17）必须佩戴工作证上岗。

（18）不准在上岗期间做与本职工作无关的事情。

（19）不准在工作场所内使用手机（因工作需要除外）。

（20）不准在安检记录本上乱写乱画。

（21）不准迟到早退，擅离职守。

（22）不准与受检人员争吵或发生肢体冲突。

（23）不准在上岗前或在岗时饮酒，在岗期间身上有酒气视为岗前饮酒。

除上述纪律要求外,安检人员必须遵守社会公德及其他符合社会公允价值观的行为准则。

第三节　人身安检

一、人身安检概述

人身安检就是采用仪器和手工相结合的方式,对受检者人身进行安全检查。

1. 仪器检查是指安检人员按规定使用仪器辅助对受检人员进行人身检查,其目的是发现危险品、禁带物品及其他限制携带的物品。通过式金属探测门和手持式金属探测器主要是探测受检人员身上携带的金属类物质,检查应用中有一定的局限性。

2. 手工检查是指安检人员按规定的方法和程序对受检者身体采取摸、按、压等手工检查,感觉出受检者身体或衣物内不相贴合、不自然的物品,其目的是发现危险品和禁限物品。纯手工检查相对耗时较长,并且与受检人员有较多身体接触,所以在日常安检中并不多见,一般都是与仪器检查配合使用,对探测仪器报警或者其他有疑问的部位进行加强检查时使用。

二、人身安检操作方法

1. 人身安检程序

(1)安检门初检

在安检门外设置引导员,负责引导人流通过安检门。初检前,引导员提示受检人员取出身上物品(包括钥匙、手机等),

以便直观检查。当受检人员身上没有藏匿任何金属物品时，才可通过安检门。在受检人流量较大时，要由引导员疏导，使受检人流之间间隔 0.5 m 以上通过安检门。

安检门初检如图 4-2 所示。

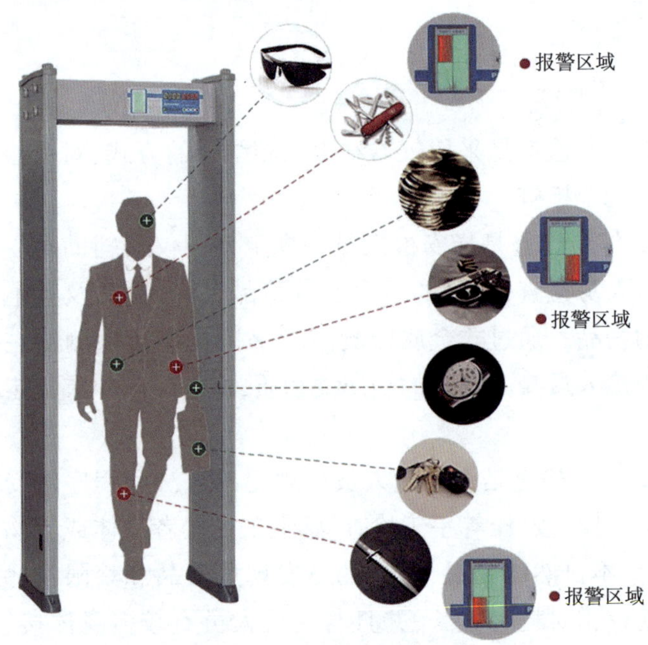

图 4-2　安检门初检

(2)用手持式金属探测器复检

经初检安检门没有报警的受检人员，应该认为是安全的，不用再接受复检；如果安检门报警，就要由手检员用手持式金属探测器复检。检查时，应注意男不查女、态度和善、动作规范、使用文明用语。

2. 人身安检顺序

(1)头颈部的检查。手持式金属探测器贴合衣领匀速划过进行检查,如果受检人员是长发或者披肩散发,需检查颈部,如图 4-3 所示。

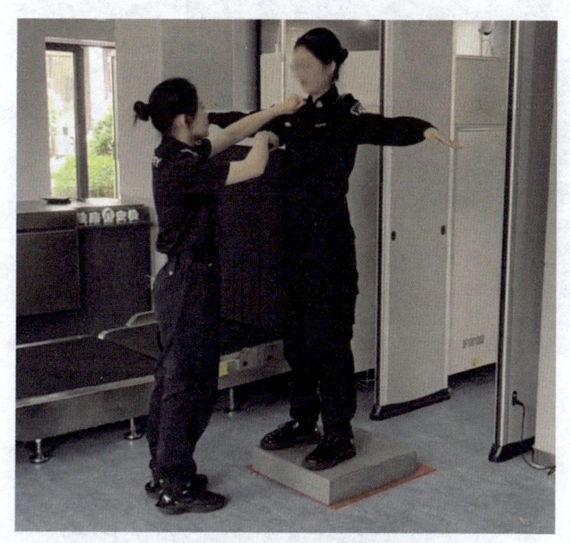

图 4-3　头颈部的检查

(2)右肩及右臂的检查。手持式金属探测器从右肩开始,至右臂、右手、腋下进行检查,如图 4-4 所示。

(3)右躯干的检查。对于躯干的检查遵循从上到下,由里到外的检查顺序,先检查内层衬衣至裤兜底部,再检查外层外套至外套下端,如图 4-5 所示。

(4)左肩、左臂及左躯干的检查。手持式金属探测器从左肩开始,至左臂、左手、腋下、左前胸、左前腰进行检查。对于兜内携带的生活物品请受检人员自行取出并进行检查,再对取出物品的部位进行复检,直至确认该部位无漏检、无隐患为止。

图 **4-4**　右肩及右臂的检查

图 **4-5**　右躯干的检查

(5)腹部检查。手持式金属探测器从腹部开始,至右大腿、右膝盖、裆部、左大腿、左膝盖进行检查,如图 4-6 所示。

图 4-6　腹部检查

(6)背部检查。请受检人员转身,对背部的检查一般将手持式金属探测器与手贴至旅客背部,匀速向下探测及摸查,覆盖整个背部、腰部、后兜部、大腿后侧至腘窝处,如图 4-7 所示。

(7)腿部及脚部的检查。形似 W 形检查顺序,从左侧腰部至左脚外侧→左脚→左脚内侧→左小腿内侧→左膝盖内侧→右膝盖内侧→右小腿内侧→右脚内侧→右脚→右脚外侧→右小腿外侧,直至右侧腰部,如图 4-8 所示。

人身检查的方式多样灵活,本着不排除疑点不放过的原则,在现场执勤时,可根据具体的情况或上级要求对整体程序做相应的调整。

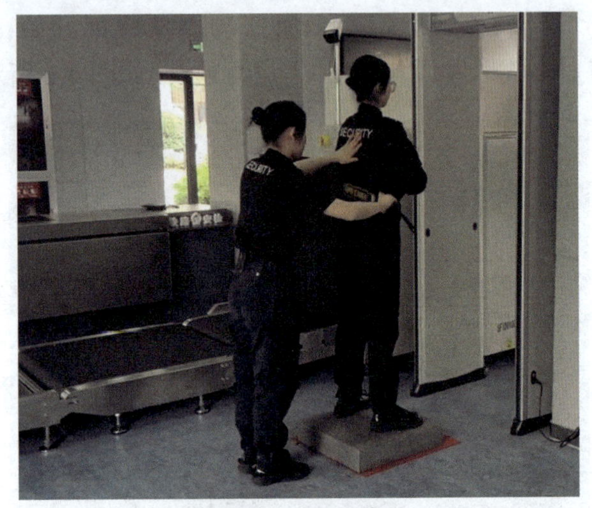

图 4-7　背部检查

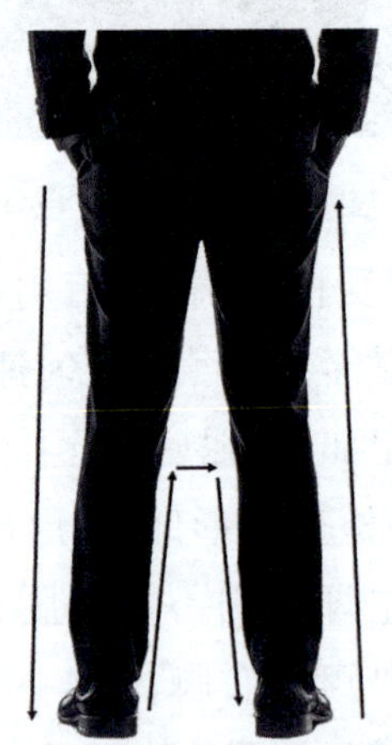

图 4-8　腿部及脚部的检查

3. 人身安检重点部位

(1)头部。对于头部的检查,包括头发、额头、颈部等部位。检查时,需要确保头发里面或者遮挡处没有藏匿任何禁限物品，必要时需受检人员摘掉头饰、眼镜、帽子等影响安检的物品。头部检查如图 4-9 所示。

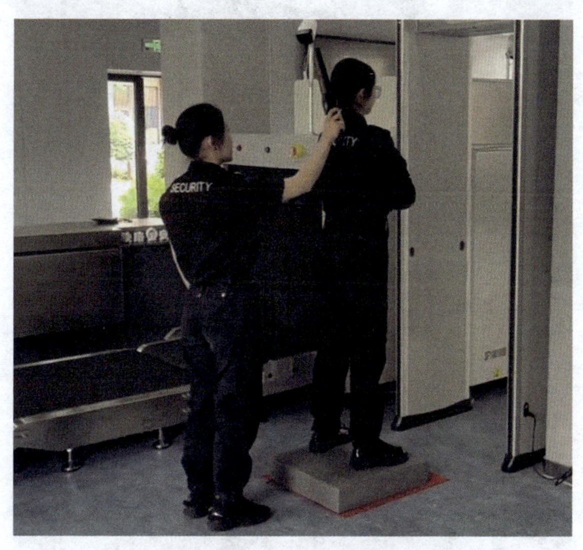

图 4-9　头部检查

(2)手部。对于手部的检查，可以根据受检人员的着装不同确定相应的检查方法。检查时要格外留意，手表是否经过改装。手部检查如图 4-10 所示。

(3)腋下。腋下是一个容易藏匿禁限物品的部位，所以检查时一定要到位。检查时确保用手摸到，用探测器探到。手要配合按压动作，确定其腋下是否有禁限物品。腋下检查如图 4-11 所示。

(4)胸部。男性受检者的胸部检查主要采取摸、按、压等常规检查动作。女性受检者因其衣着、生理结构等客观因素给检查带来一定的难度。在检查女性受检者该部位时，应同时考虑女性受检者的感受。胸部检查如图 4-12 所示。

图 4-10　手部检查

图 4-11　腋下检查

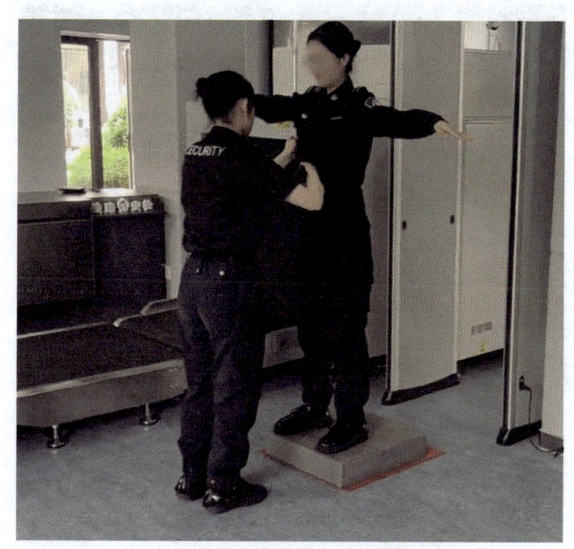

图 4-12　胸部检查

（5）腰部。腰部是最容易藏匿禁限物品的部位之一，所以在对这一部位进行检查时应格外留意，除了采用仪器和手工进行检查外，还应仔细观察皮带扣、皮带与内裤之间，内裤与身体之间的夹层部位是否藏匿有禁限物品。腰部检查如图 4-13 所示。

（6）裆部。先用探测器检查，注意观察探测器是否报警，探测器往下检查时，另一只手必须紧跟着探测器在裆部位置做摸按动作，查明是否有其他禁限物品。裆部检查如图 4-14 所示。

（7）臀部。臀部使用金属探测器进行摸、按、压等动作进行检查，注意检查要快速、准确以免引起受检人员反感。臀部检查如图 4-15 所示。

（8）脚部。脚部的检查从受检人员腿外侧，由后裤袋的高度开始，手和探测器相互配合，紧贴着裤缝，从上往下检查，到脚跟位置结束。脚部检查如图 4-16 所示。

图 4-13　腰部检查

图 4-14　裆部检查

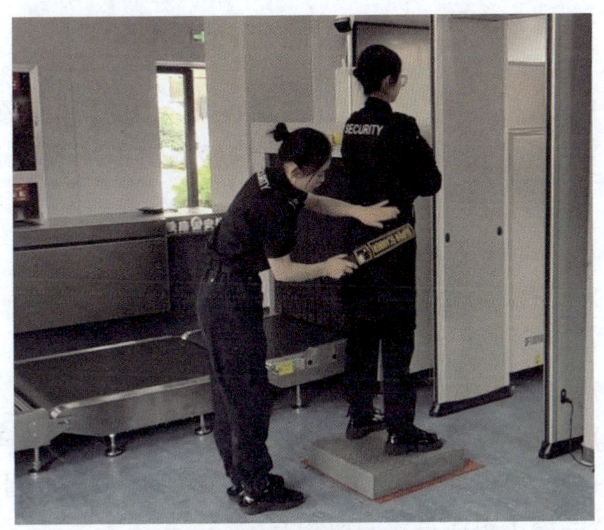

图 4-15　臀部检查

图 4-16　脚部检查

三、人身安检注意事项

(1)注意与安检门配合检查,观察安检门的警报情况。

(2)注意手摸的配合检查,探测器报警时手摸确认是否安全。

(3)手检员站在与受检人呈45°角的位置。

(4)注意检查受检人下半身时,不要全蹲。

(5)注意对受检人身上报警部位的复检。

(6)坚持“男不查女”的安检原则。

(7)要注意安检礼仪和安检规范用语。

(8)安检动作要规范,举止大方得体,手力度把握到位。

(9)安检小组成员之间要相互配合。

(10)安检人员要做好与安检带班人员的联系沟通,注意请示汇报,遵守纪律。

四、可疑过检人员检查规定

1. 可疑过检人员的识别

(1)精神恐慌、言行可疑、伪装镇静者。

(2)冒充熟人、假献殷勤、接受检查过于热情者。

(3)表现不耐烦、催促检查,或者言行蛮横、不愿接受检查者。

(4)窥视检查现场、探听安全检查情况等行为异常者。

(5)匆忙赶到安检现场者。

(6)公安部门等单位掌握的嫌疑人和群众提供的有可疑言行的人员。

(7)上级和有关部门通报的来自恐怖活动频繁的国家和

地区的人员。

(8)着装与其身份不相符或不合时令者。

(9)携带密码箱(包)进入探测门或检查区域发生警报者。

(10)检查中发现的其他可疑人员。

2. 可疑过检人员的处置

(1)在安全范围以外迅速用对讲机、电话等通信设备向领导汇报,同时讲清楚自己的身份,发现可疑人员及物品的时间、地点,可疑人员数量及可疑物品的形状、数量等。

(2)现场的安检人员不要惊动可疑人员或移动可疑物品,控制现场,防止其他无关人员接触可疑人员或物品。值班人员应做好详细记录并立即向上级领导请示处理办法,并根据领导指示进行处理。

(3)如发生爆炸或火情应按火灾应急处置方案进行处理。

(4)发现可疑物件时,立即采用绳索、垃圾箱等障碍物将其围绕,禁止任何人靠近。切勿自行处理或接触该物件。切勿在现场使用无线电通信机、闪光灯等。

(5)必要时,可以对可疑人员进行审查。安检人员审查可疑人员时要与铁路车站工作人员或公安人员配合,用恰当的语气询问以避免引起误会。可疑人员是女性的,应有至少一名女性安检人员参与审查,遇有两名可疑人员时,应分开审查。要问清可疑人员姓名、单位、乘车路径,查验其证件及随身物品,在没有确实证据的情况下不得与可疑人员发生肢体冲突。

(6)若经审查是误会,安检人员应向其道歉并感谢其协助工作。

若可疑人员违规情节较轻(如携带禁带物品),且非主观违规,也未造成明显后果的,由安检当班负责人对其进行批评教育,并采取相应措施后放人。

若发现可疑人员有违法行为,要及时将其控制,配合公安人员处理,并做好记录,及时将所掌握的资料移交公安部门。

五、特殊过检人员检查规定

1. 特殊过检人员的概念

特殊过检人员是指残疾人、孕妇、怀抱婴幼儿者、犯人等特殊过检人员。对特殊过检人员的检查方法、检查重点不同于普通过检人员。对于此类人员,应结合基本的检查原则及现场具体情况,合理有效地进行相应的检查,在保证安全的前提下,尽量提供相应的便利。

2. 特殊过检人员安检原则

特殊过检人员安检应实行重点服务、重点照顾,安检人员应遵循以下原则:

(1)态度诚恳热情,举止大方庄重,语言文明礼貌。

(2)主动周到,尽可能提供方便。

(3)对特殊过检人员检查时,应耐心细致。

(4)为残疾旅客安全检查时,应保障安全、尊重隐私、尊重人格。

3. 特殊过检人员的检查

对于残疾人、孕妇、怀抱婴幼儿者等特殊人员的检查,引导员应主动上前为其提供帮助。对于肢体活动不便的,在人身检查时可不必上手检台。

(1)对残疾人的检查

①对残疾人进行人身安全检查时,必须安排同性别安检人员进行手工检查。检查过程中尽量不触碰伤残部位,应使用文

明用语，同时避免对受检人进行嘲笑、议论等能引起其不适的言行。

②如果残疾人要求进行私下安全检查，安检人员应当安排其到封闭空间进行检查并及时将此情况上报。

③安全检查过程中对有疑点、需进一步检查的残疾人，经现场负责人批准，应将其带去封闭空间进行从严检查，检查应由与受检人同性别的两名及以上安检人员实施。

④乘坐轮椅的残疾人可从安检门一侧通过，接受人身检查。检查时应先进行直观观察，在征得受检人同意后，使用手工人身检查，同时使用爆炸物探测仪器进行检查；残疾人使用的轮椅应采取手工检查和爆炸物探测相结合的检查方式。首先观察整体外观，看有无可疑的接点（焊点），有无做过其他改动等；其次对轮椅的附兜、靠背前后等进行手工摸查，查看有无夹带、藏匿物品；使用爆炸物探测仪对轮椅的把手、靠背（或坐垫）、轮子等部位取样进行爆炸物探测检查，如爆炸物探测检查报警的，按相关规定处理。

⑤对盲人应引导其通过安检门接受安全检查，并提醒控制好随行的导盲犬，为其佩戴防咬装置。若安检门报警，应引导其到检查区域接受人身复查，检查完毕，应口头告知并负责将盲人交与陪同人员。检查方法与正常受检人检查相同。

⑥对戴假肢和矫形器的残疾人应引导其通过安检门接受检查。若安检门报警，应引导其到检查区域进行人身复查。对假肢部位进行爆炸物探测检查，如发现疑点或炸药探测报警，应及时上报并请其到封闭空间内接受进一步检查。

⑦听力与言语残疾人应引导其通过安检门接受安全检查（戴助听器的残疾人可请其从安检门一侧绕过，进入人身检查

区域)。若安检门报警,应引导其至检查区域,利用手势或肢体语言引导其接受人身复查。检查完毕,用手语、文字或肢体语言告知检查完毕,引导其离开安全检查现场。检查方法与正常受检人检查相同。

⑧对导盲犬进行检查时,应告知其主人将要对导盲犬实施安全检查,请其协助控制好导盲犬,待得到许可的情况下方可开始检查。安检人员对导盲犬整体外观进行观察,看其身体上有无可疑附着物。若导盲犬的导盲鞍可以卸下,导盲鞍需经 X 射线安检仪检查;若导盲鞍不能卸下,则需对导盲鞍进行炸药探测检查。

(2)对孕妇的检查

①过检人员本人没有特殊要求时,可按照一般正常受检者的检查方法进行检查,但要注意检查动作要轻要慢,特别是腹部。

②过检人员本人提出不通过安检门时,可请其从安检门一侧绕过,并对其实施手工人身检查,对过检人员腰腹部进行检查时,双手要结合身体自然形状实施摸查,注意对腹部隆起部位边缘处的检查,判断是否藏有可疑物品,或带有可疑器具。

(3)对婴儿车的检查

婴儿车须经过 X 射线安检仪检查。对于不能通过 X 射线安检仪的婴儿车,除需进行手工检查外,还应进行炸药探测检查,检查方法同残疾人使用的轮椅检查。

(4)对怀抱婴幼儿者的检查

请怀抱婴幼儿者经安检门过检。若通过安检门发生报警,则首先对大人进行正常人身检查,其次对婴幼儿进行正常检查,最后对大人与婴儿间密切接触的部位进行正常检查。使用炸药探测仪对过检人员进行检测。检查中发现可疑点或发生探测报警，则需请其至封闭空间内接受进一步检查，并及时上报。

(5)对犯人的检查

①押解的犯人一般都由公安人员或其他监护人员陪同。在对其进行安全检查时，需查验其相关押解及身份证明并及时上报。

②安检人员对犯人实施检查的过程中要沉着、严肃、不声张、不围观，其监护人员也要接受正常安全检查。必要时，可请其至封闭空间内接受检查。

第四节　箱包安检

一、箱包安检顺序

1. 检查箱包外层

(1)手拎箱包，并观察箱包结构及拉链位置。若箱包过重则可能存在暗格藏匿物品。

(2)拉开拉杆，观察是否夹藏、粘贴异物，之后复原。

(3)检查箱包外层细节，包括插销、锁头、螺栓、螺钉、轮子、凹槽、接缝处等，确定是否有异常。

2. 检查箱包夹层和内层

(1)检查箱包夹层。取出夹层内物品后，肉眼观察夹层主体四周，同时配合双手对主体进行摸查，确定其是否有异常凸起、结块或附加部分。

(2)检查箱包内层。取出内层里物品后,肉眼观察内层主体四周,同时配合双手对主体进行摸查,确定其是否有异常凸起、结块或附加部分。如果箱包衬布可以打开,则需要将衬布的拉链拉开,对底部四角及拉杆下方进行摸查。注意用手摸查包内是否夹藏有软质有机物品,如果发现此类物品,需要对其进行爆炸物/毒品检测,对取出禁限物品的地方要进行复查,避免有所遗漏。

3. 检查包内物品

(1)包内的物品取出时,应逐一取出,轻拿轻放,从上到下,从外到里。

(2)检查雨伞。先拉开伞杆,检查底部,之后撑开伞,检查伞骨及伞面。

(3)检查鞋靴。先检查鞋带和鞋垫,之后手指顶到鞋尖环绕一周进行检查,最后检查鞋底。

(4)检查书本。先手捻书本,观察书本两侧是否有异常,之后检查书本首末页,观察是否藏有禁限物品。

(5)检查衣服。将衣服平铺至桌面,对其进行按压检查。按压时,手贴合衣服,从上到下,从左到右,不遗漏死角。之后按一定顺序重点检查易藏匿物品的部位,包括衣服的口袋、袖口、裤腿等。

4. 善后处理

(1)检查无问题后,辅助受检人员将物品复原,并对其配合表示感谢。

(2)如果在箱包中发现禁限物品,在辅助受检人员将物品复原的同时,做好相关规定的解释工作。

(3)如果在箱包中发现有杀伤性的危险物品,要第一时间控制住危险物品及受检人员，及时上报，并按相应预案进行处理。

二、箱包安检方法

一般是通过人的眼耳鼻舌手等感官进行检查，根据不同的物品采取相应的检查方法。常用方法如下：

看：对物品的外表进行观察，看是否有异常，包装是否有变动。

听：对录音机、收音机等音像制品采取听的方式，判断其是否有异常，此方法可以用于对怀疑有定时爆炸装置的物品进行检查。

摸：直接用手的触觉判断是否藏有异常物或危险品。

拆：对被怀疑的物品，拆开包装或外壳，检查其内部有无藏匿危险品。

掂：对被检查的物品用手检查重量，看其重量是否与被检查物品相符。

捏：主要用于软包装且体积较小的物品，如洗发液、香烟等物品的检查，靠手感来判断有无异常物。

嗅：对被怀疑的物品，主要是爆炸物、化工挥发性物品，通过用鼻子嗅闻，判断物品的性质。基本动作应注意使用"扇闻"等方法。

探：对有怀疑的物品，如花盆、罐等，如无法透视，也不能用探测器检查，可用探针进行探查，判断有无异物。

摇：对有疑问的物品，如用容器盛装的液体，中间可能是空心的物品，可以用摇晃的方法进行检查。

烧：对有怀疑的某些物品，如液体、粉末状、结晶状等物品可取少许用纸包裹，然后用火点燃纸张，根据物品的燃烧程度、状态等判断其是否属于易燃易爆物品。

敲：对某些不易打开的物品，如拐杖、石膏等，用手敲击，听其发声是否正常。

开：通过控制开关，检查电话等设备是否正常，判断其是否被改装成爆炸物。

以上方法不一定单独使用，常常是几种方法结合起来，以便更准确、快速地进行检查。

三、箱包安检流程

（1）处置员在X射线安检仪行李传送带出口处疏导行李，避免过检箱包被挤压、摔倒。

（2）当有箱包需要开检时，值机员给处置员以语音提示，待物主到达前，处置员控制需开检的箱包，物主到达后，处置员请物主自行打开箱包，对箱包实施检查（如箱包内疑有枪支、爆炸物等危险物品的特殊情况下，需要处置员控制箱包，做到人物分离）。

（3）开包检查时，开启箱包应侧对物主，使其能通视自己的物品。

（4）处置员依照箱包安检顺序进行安全检查。

（5）处置员根据箱包安检方法进行安全检查。

（6）处置员将检查出的物品请值机员复检。若为非禁限物品则交还旅客本人或将物品放回旅客箱包，协助旅客将箱包恢复原状。而后对箱包进行X射线安检仪复检。若为禁限物品则移交处理。

（7）若受检人员申明携带的物品不宜接受公开检查时，处置员应交当班负责人处理。

(8)遇有受检人员携带胶片等不愿通过 X 射线安检仪检查时，应进行手工检查。

第五节　X 射线安检仪安检

一、X 射线安检仪安检流程

(1)将箱包平坦的一面摆放在传送带上。

(2)箱包之间预留 20 cm 左右的空间。

(3)让传送带将箱包送入检查厢，切勿强行推动箱包。

(4)当箱包进入检查厢中，X 射线安检仪会估算通过箱包的 X 射线量，并把这些信息转化成图像呈现在显示器上。检查人员可以使用控制面板来细化或者增强图像，如图 4-17 所示。

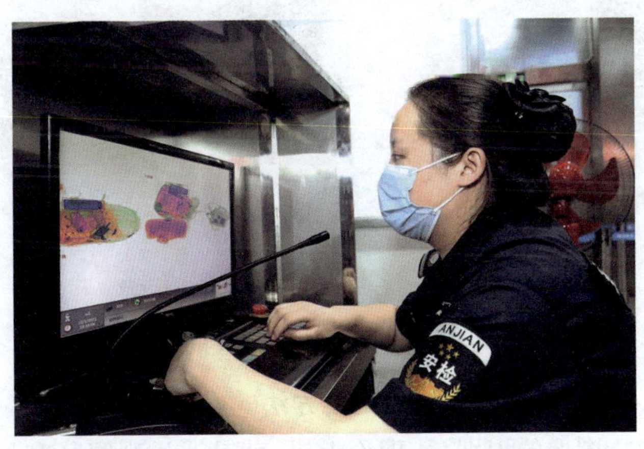

图 4-17　安检人员操作 X 射线安检仪

(5)解释图像以便确定采取何种行动。

①箱包通过(没有威胁——释放箱包)。

②扣留箱包(明显的威胁)。

③搜查箱包(潜在的威胁——下达箱包搜查令)。

(6)传送带将箱包送出检查厢。确保没有任何人试图从机器内部接触箱包,只允许受检者在箱包滑出滑道时取回自己的箱包。

二、X 射线安检仪图像识别方法

1. 物品摆放对图像的影响

对图像进行识别前,首先要将放在传送带上的物品平放,只有平放物品才能在显示器上尽可能全面地显示图像。

物品摆放对图像的影响如图 4-18 所示。

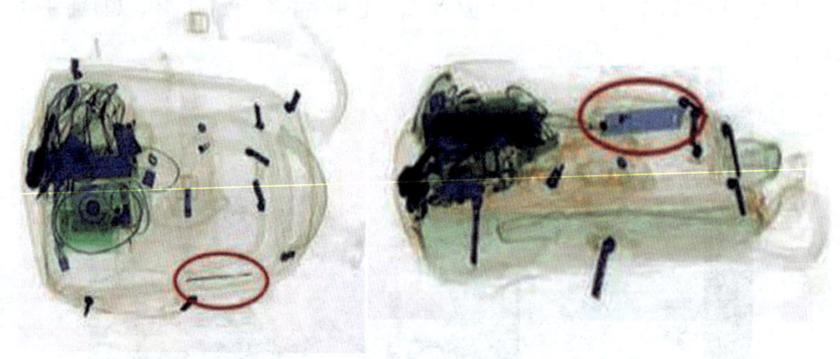

(a)平放效果

(b)侧放效果

图 4-18 物品摆放对图像的影响

2. 识别 X 射线图像的主要方法

对于图像的识别,从理论上讲,就是通过观察其在显示器上显示的颜色和形状进行判断，而实际操作过程中可能会遇到更多的问题。图像的识别方法多种多样，要注意在平时进行归纳总结，积累经验。

(1)整体判读法。整体判读法就是由中间到四周对整幅图像进行判读。观察图像的每个细节，判读图像中的物品的相关性，辨别有无电源、导线、定时装置、起爆装置和可疑物品。

(2)颜色分析法。颜色分析法是根据 X 射线安检仪对物质颜色的定义，通过图像呈现的颜色来判断物体的性质。

(3)形状分析法。形状分析法是通过图像中物体的轮廓判断物体。有些物品虽然 X 射线穿不透，但轮廓清晰，可直接判断其性质。

(4)功能键分析法。功能键分析法就是充分利用功能键的分析功能对图像进行综合分析比较。

(5)重点分析法。重点分析法就是抓住图像中难以判明性质、射线穿不透的物体，对有疑点的地方重点分析，其主要应用于对液体、配件、电子产品的检查。

(6)对称分析法。对称分析法就是根据图像中箱包结构特点找对称点，其主要针对箱包结构中不对称的点状物体或线状物进行分析比较，以发现可疑物。

(7)共性分析法。共性分析法也叫举一反三法，即抓住某个物体的结构特征来推断其他同类物品。

(8)排除法。排除法即排除已经判定的物品，将其他物品进行重点分析、检查。

(9)特征分析法。特征分析法也叫结构分析法，即抓住某个物体结构中的一些特征来进行判断。

（10）联想分析法。联想分析法就是通过图像中一个可判明的物品来推断另一个物品。

（11）观察分析法。观察分析法就是通过观察受检者来判断其所携带的物品。

（12）常规分析法。常规分析法就是找出图像中显示的违反常规的物品。

（13）角度分析法。角度分析法就是通过物品各种角度的图像特征加以分析判断。

（14）综合分析法。综合分析法就是同时利用上述方法中的几种方法对图像进行判读。

在 X 射线安检仪检查岗位工作时，可单独或综合利用上述识别 X 射线图像的方法来帮助识别 X 射线图像。而这些方法并非完全独立，而是互相关联、互为补充的，判图时应做到有机结合。同时，要求值机员在实践中要多学习、多积累，不断增加自己的实际操作经验。

3. 识别 X 射线图像时的基本要求

（1）从图像中间向四周进行判别。

（2）按照图像颜色的不同进行判别。

（3）按照图像所呈现的层次进行判别。

（4）结合图像辨别方法辅助进行判别。

（5）图像模糊不清无法判断物品性质的，可调整物品摆放位置后复检。

（6）发现疑似电池、导线、钟表、粉末状、块状、液体状、枪弹状物及其他可疑物品的，应采用综合分析法结合重点分析法等方式进行认真检查。

（7）发现有容器、仪表、瓷器等物品的，应在利用功能键帮助分析的情况下进一步识别，如仍不能确定性质，应进行开箱包检查。

（8）照相机、录音录像机及电子计算机等电器的检查，应仔细分析其内部结构是否存在异常，如存在异常或不能判明性质的物品，应结合开箱包检查。

（9）遇旅客声明的不能通过X射线安检仪检查的物品时，应按相应规定或情况处理。在了解情况后，如可以采用X射线安检仪进行检查时，应仔细分析物品的内部结构是否存在异常。

4. 对可能隐含危险品的物品进行识别

以下物品可能隐含危险品，安检人员应在安全检查工作中加强识别。

（1）野营设备：可能含易燃气体（丁烷、丙烷等）、易燃液体（煤油、汽油等）或易燃固体（火柴等）。

（2）探险设备：可能含爆炸品（信号弹）、易燃液体（汽油）、易燃气体（野营燃气）或其他危险物品。

（3）诊断标本：可能含感染性物质。

（4）潜水设备：可能含装有压缩气体（如空气或氧气）的钢瓶；也可能含高强度的潜水灯，其在空气中开启能释放极大的热量，为了运输安全，灯泡或电池应保持断路。

（5）摄影组和宣传媒介设备：可能含爆炸烟火装置、装有内燃机发电机、湿式电池、燃料、发热物品等。

（6）摄影用品：可能含危险物品，如加热装置、易燃液体、易燃固体、氧化剂、毒害品或腐蚀品。

（7）实验室设备、化学品：可能含危险物品，如易燃液体、易燃固体、氧化剂、毒害品或腐蚀品。

(8)赛车或摩托车队的设备:可能含引擎、化油器或含燃料(残余燃料)的油箱、湿式电池、易燃气溶胶、硝基甲烷或其他汽油添加剂、压缩气体钢瓶等。

(9)修理箱:可能含有机过氧化物、易燃黏合剂、碱性溶剂等。

(10)工具箱:可能含爆炸品、装有压缩气体的钢瓶、气溶胶、易燃气体(丁烷气瓶或火炬)、易燃黏合剂或油漆、腐蚀性液体等。

三、常见禁限物品图像特征

1. 常见禁限物品 X 射线安检仪图像特征

(1)枪支类(含主要零部件)图像特征

部分枪支类(含主要零部件)图像特征见表 4-1。

表 4-1 部分枪支类(含主要零部件)图像特征

钢珠枪	正放	直放	斜放
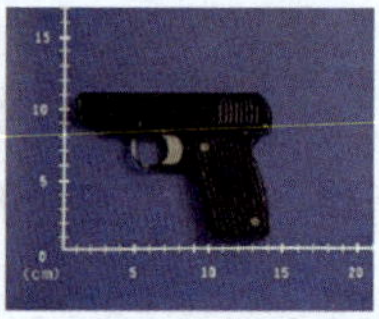			
电击枪	正放	直放	斜放
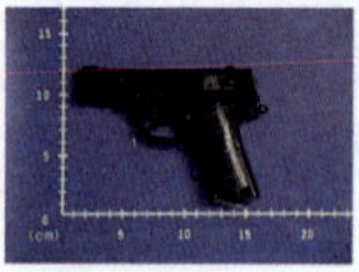			

续上表

砸炮枪	正放	直放	斜放
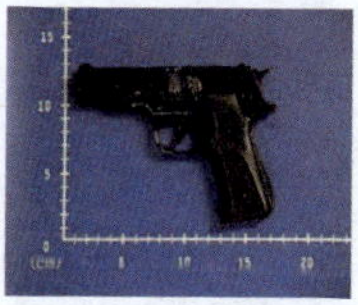			
枪式打火机	正放	直放	斜放

仿真枪	正放	直放	斜放
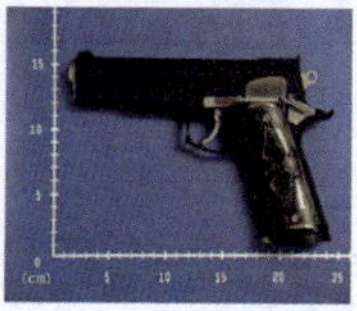			

续上表

仿真枪	正放	直放	斜放

	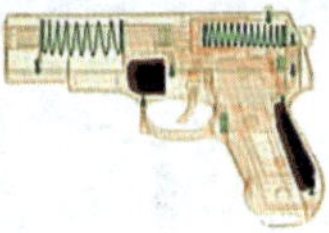		
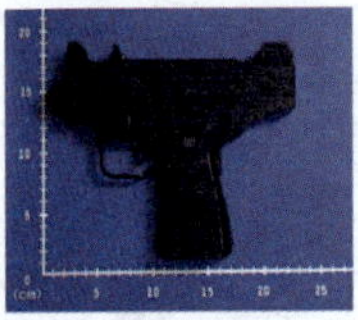	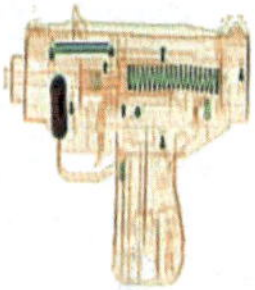		
			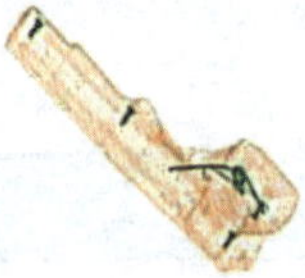

枪支类(含主要零部件)图像特征:

①金属枪支轮廓明显且颜色较深。正放、直放、斜放图像均可通过结构和外观特征识别,如握柄、枪管、护环、准星等。

②塑料枪支材质密度较小，图像颜色较浅且轮廓不明显。正放图像可以通过轮廓和内部金属特征来识别，如螺旋形弹簧、金属铁块、金属螺钉和铁丝等；直放图像可以通过外形和内部特征识别，如螺钉、弹簧等；斜放时根据摆放的角度不同，呈现的图像各异。

（2）军用或警用械具类图像特征

部分军用或警用械具类图像特征见表 4-2。

表 4-2　部分军用或警用械具类图像特征

电击器	正放	直放	斜放
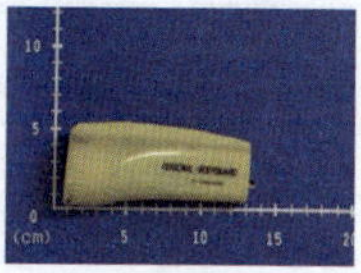			
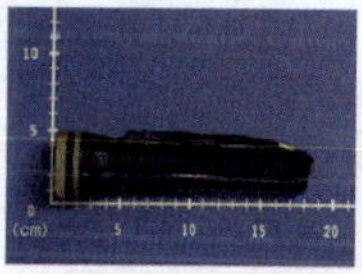	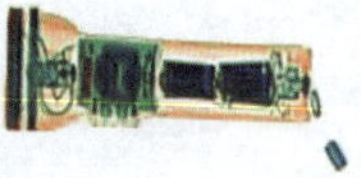		
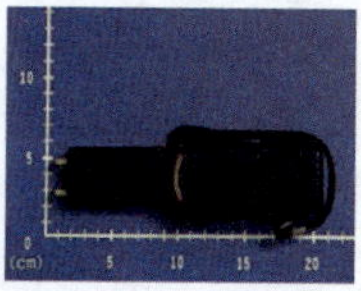			

续上表

电击器	正放	直放	斜放

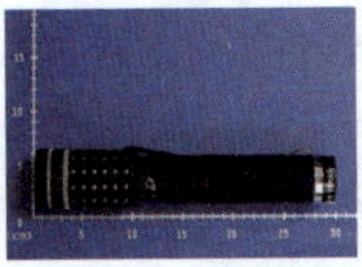			
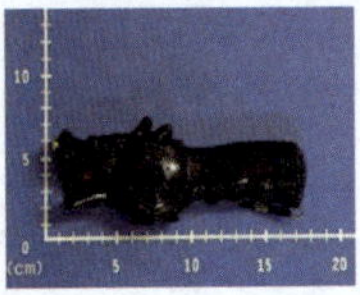	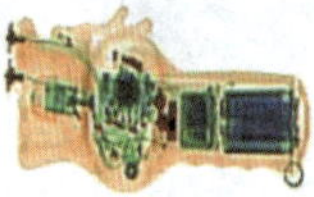		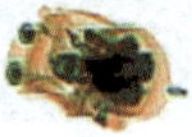
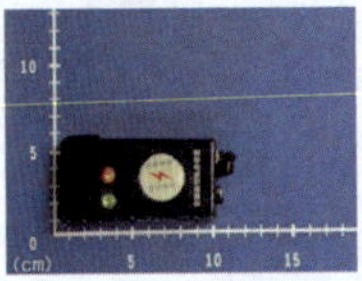			
手铐	正放	直放	斜放

续上表

手铐	正放	直放	斜放
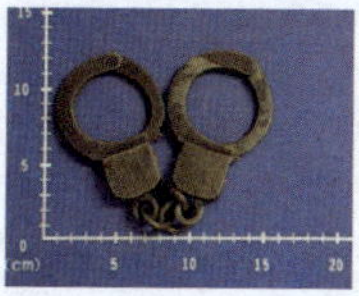			
拇指铐	正放	直放	斜放
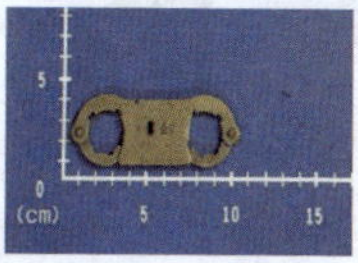			
手钉	正放	直放	斜放

警鞭	正放	直放	斜放
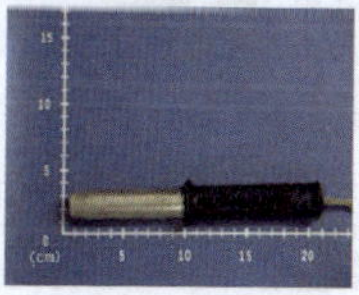			
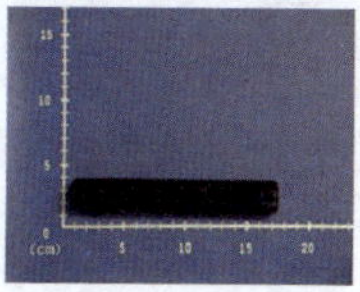			

续上表

催泪瓦斯	正放	直放	斜放
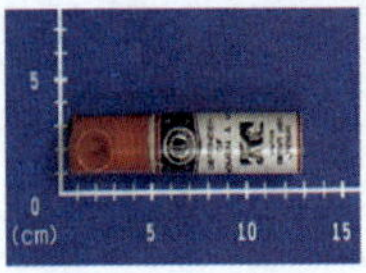			
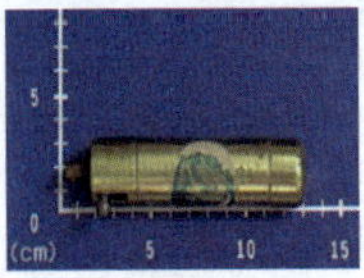			
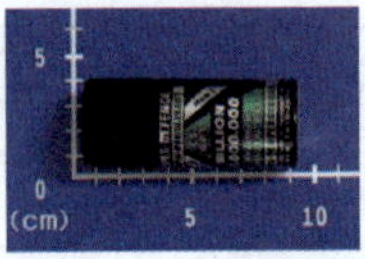			
防身自卫器	正放	直放	斜放
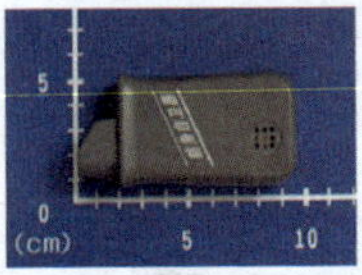			
弩	正放	直放	斜放
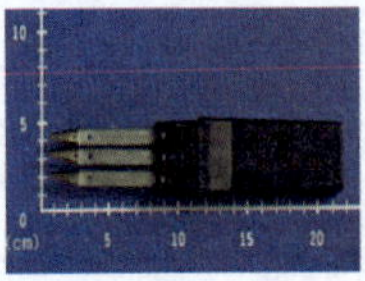			

续上表

电击包	正放	直放	斜放
	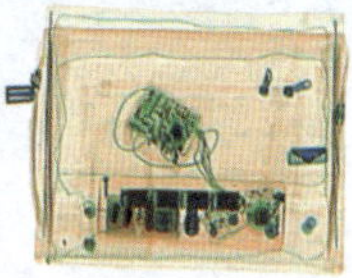		

军用或警用械具类图像特征：

①电击器外形一般为长方体或圆柱体，尺寸有大有小，外壳一般都由塑料制成。正放图像可以看到蓝色电源（电池）、升压装置（变压线圈或电容）及黑色电击点（有的是两个或三个触头，有的是金属圆环）。识别时应特别注意与某些小电器的区别，如电动剃须刀、数码相机等。

②手铐和拇指铐主要由扣环和锁头组成，正放及斜放图像扣环和锁头轮廓明显，较易识别。

③警鞭一般由金属或橡胶制成。金属警鞭正放及斜放图像轮廓明显且颜色较深，容易识别。直放图像为黑色不规则圆形。

④催泪瓦斯外观为圆柱状瓶体，一般由金属铝制成，尺寸各异。正放图像可通过淡绿色瓶体和瓶口中心绿色金属喷头来识别，大瓶催泪瓦斯瓶口有蓝色密封盖，直放图像可以看到瓶口的空心圆。识别时应特别注意与瓶装化妆品和生活用品（如发胶、剃须泡、口气清新剂、哮喘喷雾剂等）的区别。

（3）子弹类图像特征

部分子弹类图像特征见表 4-3。

表 4-3　部分子弹类图像特征

子弹	正放	直放	斜放
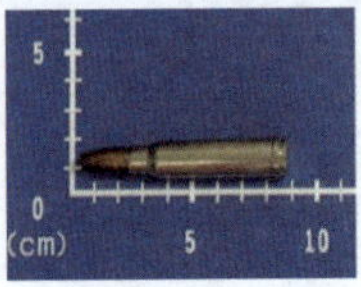			
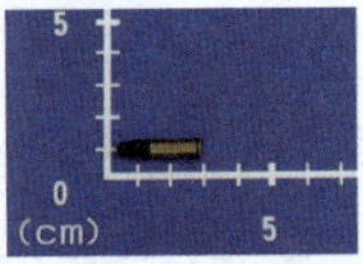			
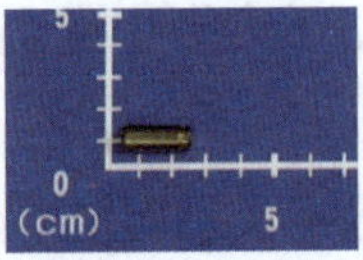			
子弹夹	正放	直放	斜放
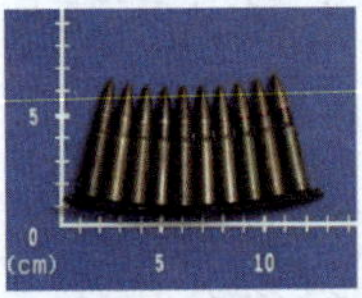			
霰弹	正放	直放	斜放
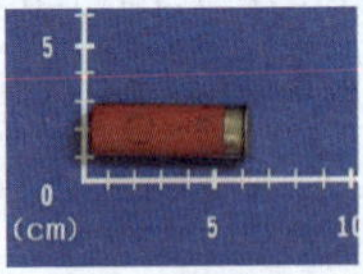			

子弹类图像特征：

①普通子弹正放图像轮廓明显，弹头一般呈黑色，形状为尖头或圆头，弹壳呈蓝色，弹壳底部呈较粗直线状；直放图像呈黑色圆形，可利用图像加亮键识别。

②霰弹外壳多为塑料材质，颜色较浅，弹头呈黑色块状，火药呈淡黄色，底部呈绿色。加亮后可见中部钢珠，尾部底火。

(4)管制刀具类图像特征

部分管制刀具类图像特征见表4-4。

表4-4　部分管制刀具类图像特征

蝴蝶刀	正放	直放	斜放
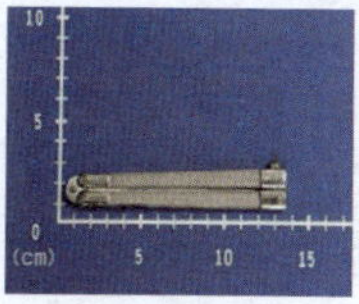			
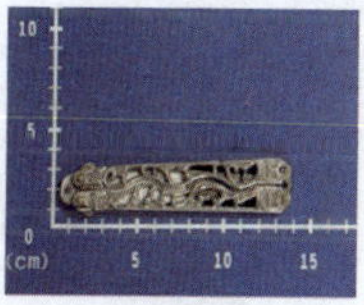			
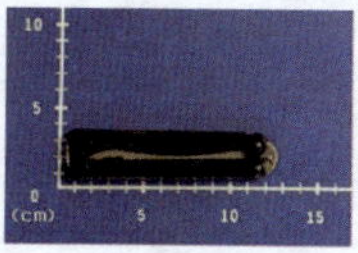			

续上表

匕首	正放	直放	斜放
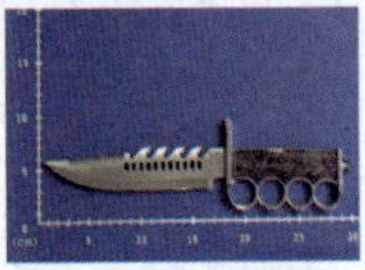			
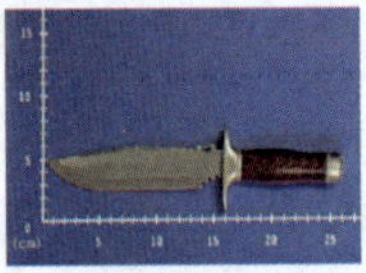			
民族刀	正放	直放	斜放
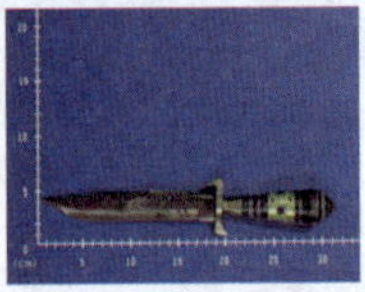			
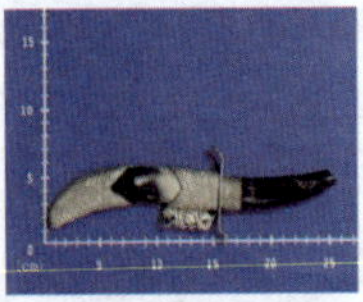			
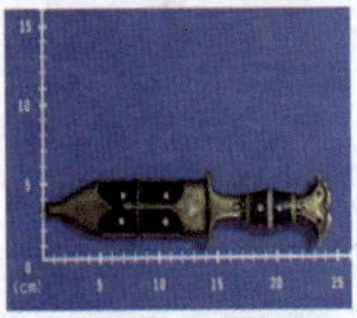			
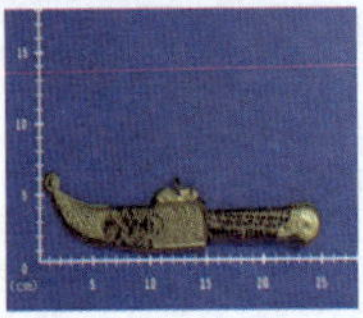			

续上表

民族刀	正放	直放	斜放
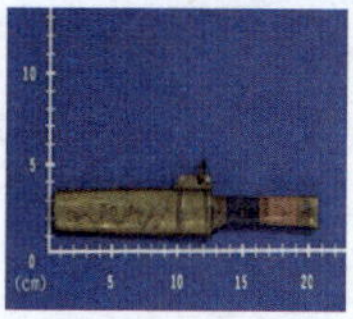			
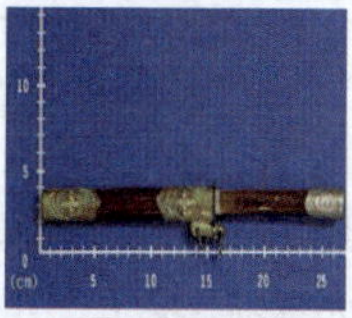			

弹簧刀	正放	直放	斜放

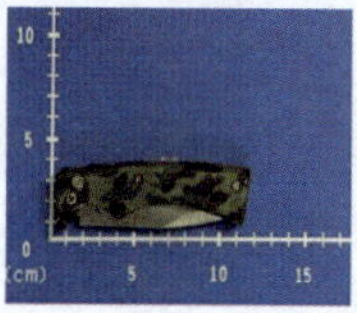			

续上表

弹簧刀	正放	直放	斜放
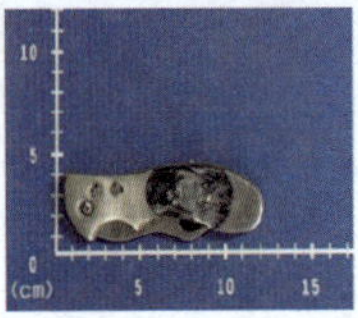			

管制刀具类图像特征：

金属管制刀具正放图像可看到蓝色刀身、黑色刀柄，较易识别。直放图像刀身呈黑色长条线状。斜放图像形状各异，但仍能看到刀柄和刀身的特征。某些笔刀或异形刀具外观具有一定的迷惑性，不容易识别，但在高能穿透下，还是可以明显地看出刀刃等特征。总体来说，大部分管制刀具的刀柄由金属制成，所以在识别过程中要格外注意图像中蓝色的条状物或块状物。

(5)爆炸物品类图像特征

部分爆炸物品类图像特征见表 4-5。

表 4-5　部分爆炸物品类图像特征

塑性炸药	正放	直放	斜放
	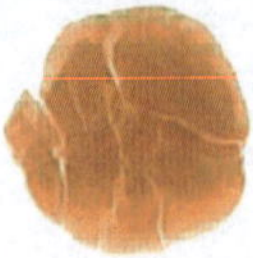		

续上表

鳞片状 TNT	正放	直放	斜放
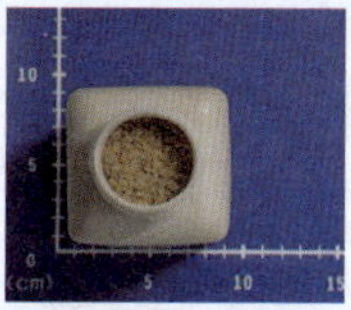	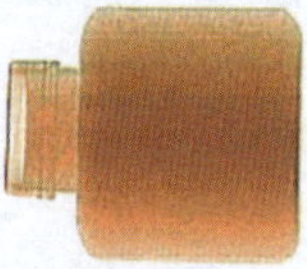		
块状 TNT	正放	直放	斜放
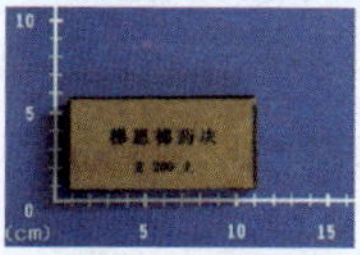	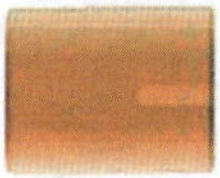		
柱状 TNT	正放	直放	斜放
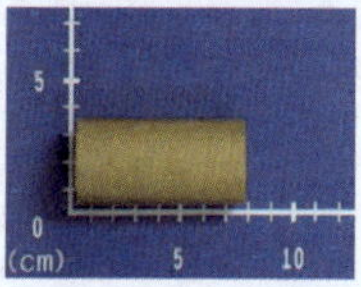			
导火索	正放	直放	斜放
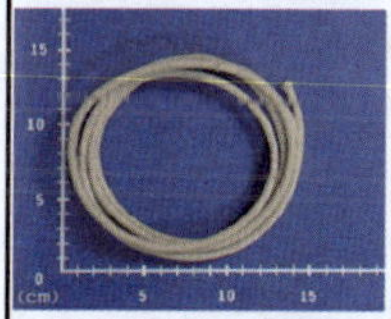			
导爆索	正放	直放	斜放
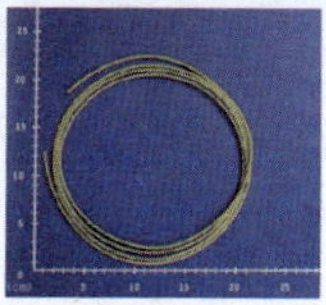			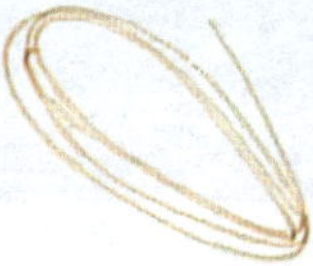

续上表

导爆索	正放	直放	斜放
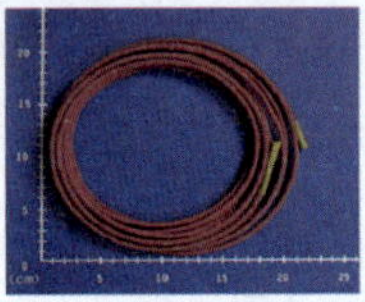	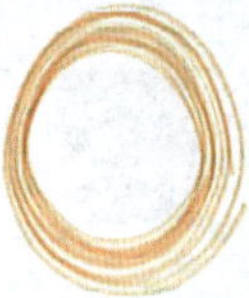		
铅锑合金切割索	正放	直放	斜放
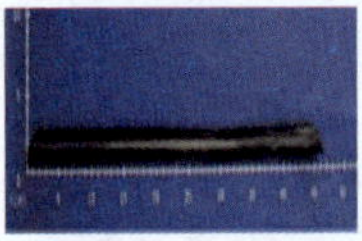			
电雷管	正放	直放	斜放
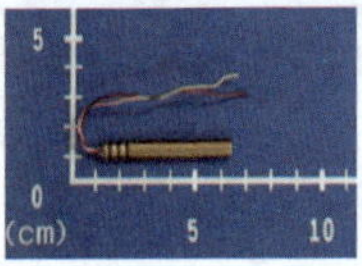			
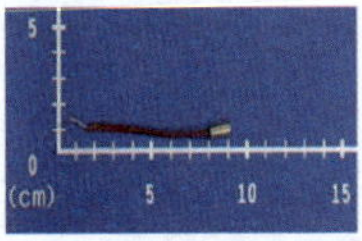			
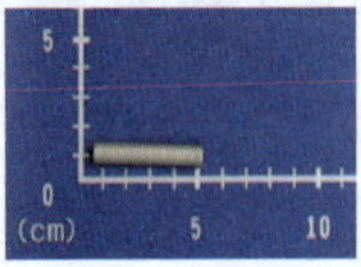			

续上表

电点火头	正放	直放	斜放
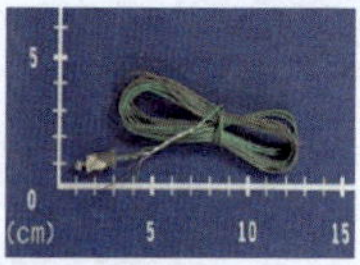			
塑料拉火管	正放	直放	斜放
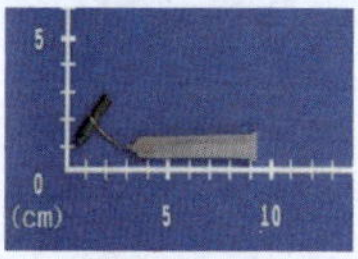	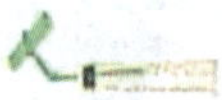		
定时爆炸装置	正放	直放	斜放
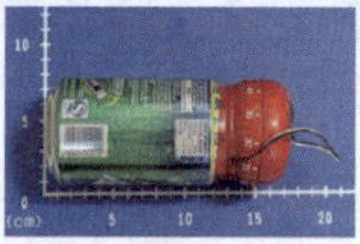	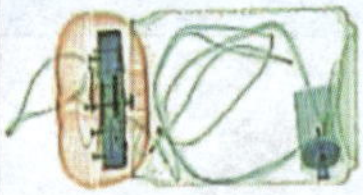		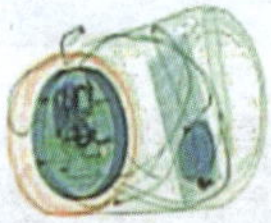
书本爆炸装置	正放	直放	斜放
	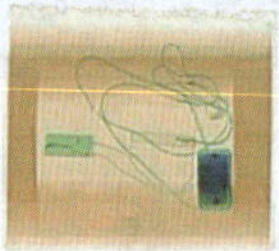	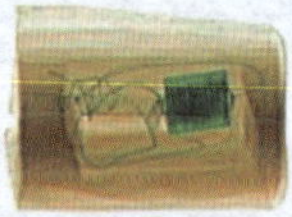	
饼干盒爆炸装置	正放	直放	斜放
	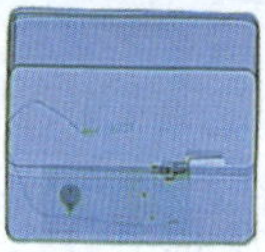	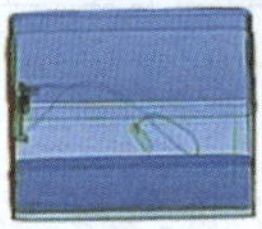	

续上表

水杯式爆炸装置	正放	直放	斜放
	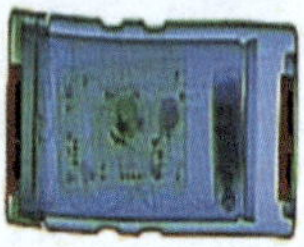		
遥控爆炸装置	正放	直放	斜放
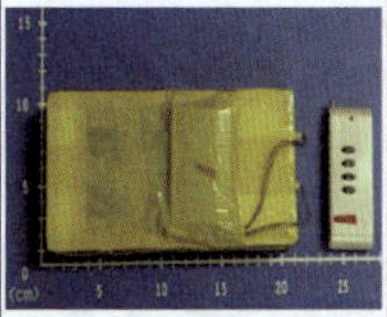			
拉线开关爆炸装置	正放	直放	斜放
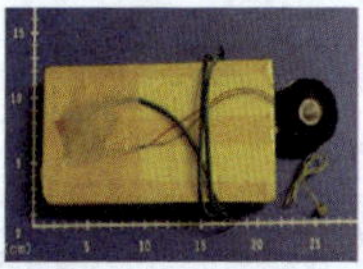	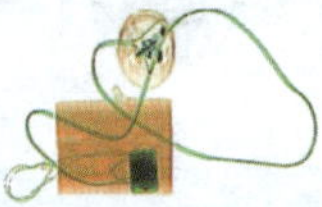	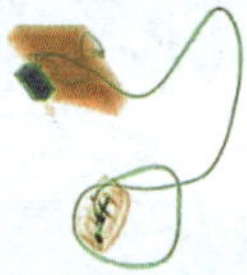	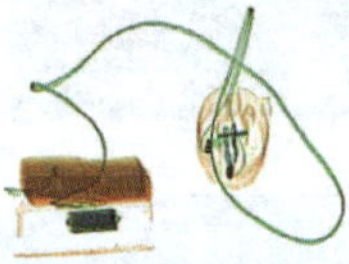
手机遥控爆炸装置	正放	直放	斜放
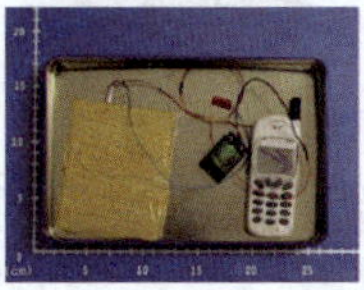			

爆炸物品类图像特征：

①炸药种类多种多样，外观形态各异，具有很强的隐蔽性和迷惑性，图像与一般食物及肥皂等有机物较为相似，很

难发现。在现场安全检查中，应对该类物品的可疑物及时进行爆炸物痕量探测技术检测，并在安全的前提下进行开箱包检查。

②火雷管无电线相连，较不易识别；电雷管正放图像呈蓝色长方形，内部有黑色加强帽，尾部有电线与之相连，直放图像与斜放图像相似。

③导火索内部主要成分为黑火药，正放、直放、斜放图像呈浅绿色线状；导爆索内部主要成分为黑索金，正放、直放、斜放图像呈淡黄色线状。在实际判图中要注意导火索、导爆索与电线的区别，电线一般较细且绝大部分与电器相连，导火索与导爆索相对较粗，直放图像边缘有较明显的褶。

④爆炸装置通常由起爆器（或电点火装置）、雷管和爆炸装药三部分组成，在不同情况下也会添加其他组件。爆炸装置外观形态各异，犯罪分子极易将普通生活用品改装为自制爆炸装置。在实际工作中，对于装置的检查要充分利用联想分析法、整体判读法等判图方法，在图像中从局部某个部件联想到整体装置的组成。

（6）烟花鞭炮类图像特征

部分烟花鞭炮类图像特征见表4-6。

表4-6　部分烟花鞭炮类图像特征

鞭炮	正放	直放	斜放
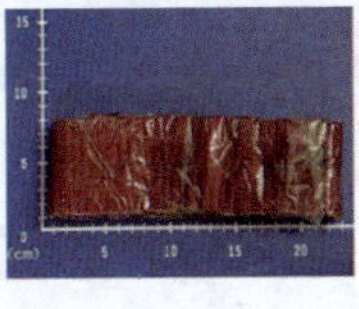			

续上表

鞭炮	正放	直放	斜放
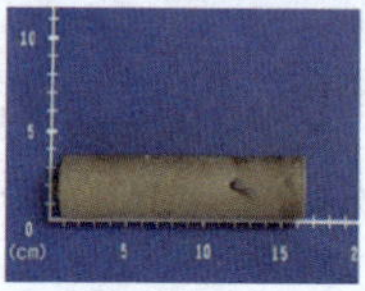			
礼花	正放	直放	斜放

烟花	正放	直放	斜放

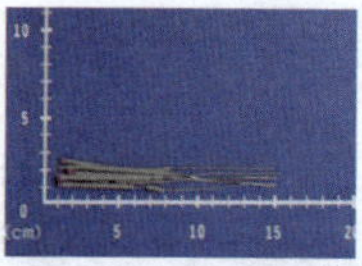			
			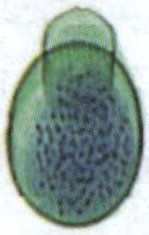

烟花鞭炮类图像特征：

烟花爆竹的结构大多为火药、由黏土制成的隔堵、外层包裹纸构成。外层包裹纸和火药的密度很小，外层包裹纸在X射线图像中显示为淡橘黄色，火药显示为稍稍偏绿的淡黄色。黏土的密度稍大，显示为淡绿色。但如果火药中加入了使其燃烧时发光的金属成分，会显示为绿色或蓝色。

(7)易燃易爆类物品图像特征

部分易燃易爆类物品图像特征见表4-7。

表4-7　部分易燃易爆类物品图像特征

煤油	正放	直放	斜放
	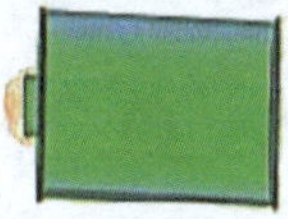		
液化石油气	正放	直放	斜放
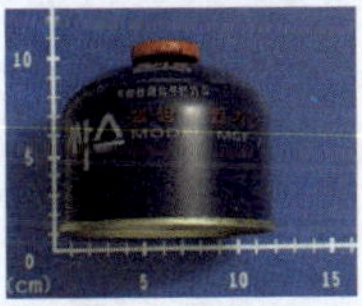			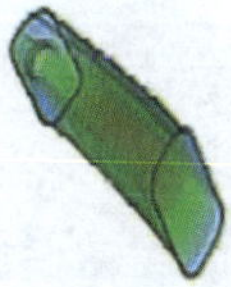
固体酒精	正放	直放	斜放
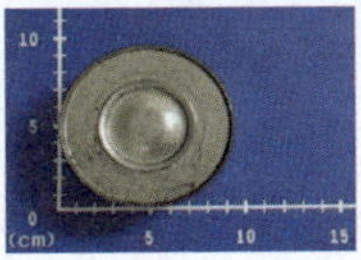			

续上表

酒精	正放	直放	斜放

打火机气体	正放	直放	斜放
	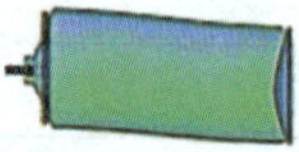		
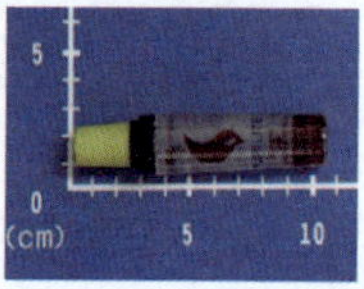			
压缩气体	正放	直放	斜放
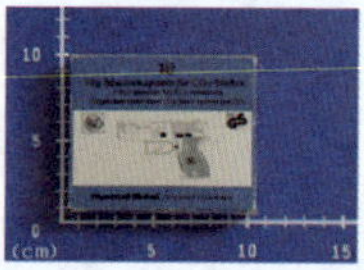			
边炉石油气	正放	直放	斜放
	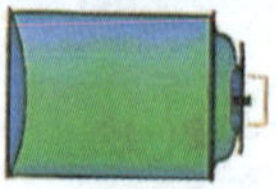		

续上表

彩喷	正放	直放	斜放
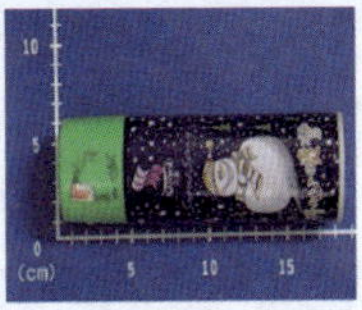	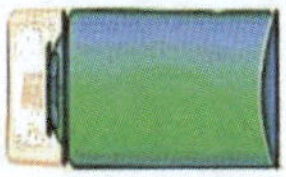		

易燃易爆类物品图像特征：

易燃易爆危险品指遇火、受热、受潮、撞击、摩擦或与氧化剂接触容易燃爆的物质。按形态，易燃易爆危险品可分为气体、液体、固体、粉尘等四类。正放时罐体多呈蓝绿色长方形，头部有凸出部分。

(8)利器、钝器类物品图像特征

部分利器、钝器类物品图像特征见表4-8。

表4-8　部分利器、钝器类物品图像特征

裁纸刀	正放	直放	斜放
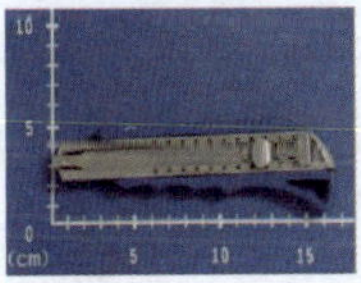			
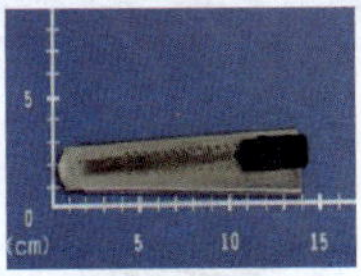			

续上表

剃须刀片	正放	直放	斜放
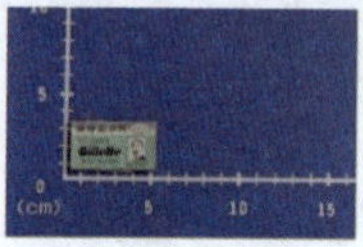			
剪刀	正放	直放	斜放
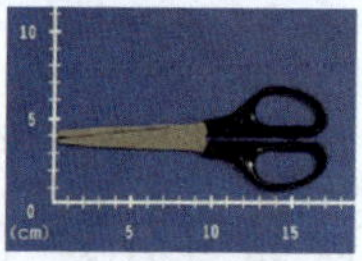			
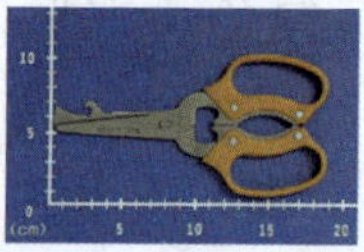	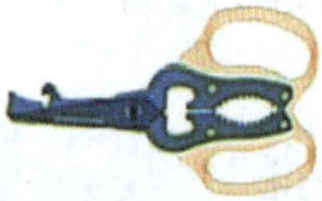		
双节棍	正放	直放	斜放
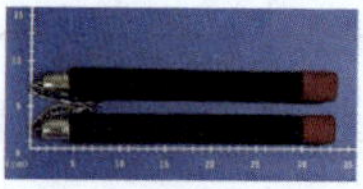			
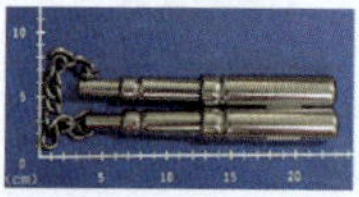			
多节鞭	正放	直放	斜放
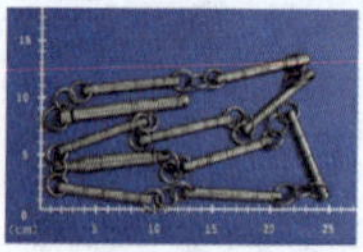			

利器、钝器类图像特征：

①塑料或木质刀柄的水果刀正放图像刀身呈蓝色，刀柄呈黄色，较易识别；折叠式金属水果刀刀柄与刀身重叠轮廓明显，也较易识别。

②塑料外壳裁纸刀正放图像可见蓝色平行四边形刀片及尾部圆孔，金属外壳裁纸刀图像不明显，但能看到特殊形状的外壳。

③钝器大部分由金属制成，图像轮廓特征明显，较易识别。例如，铁锤头部由金属制成，锤柄由木材或其他材质制成。正放、直放及斜放的锤头图像轮廓特征非常明显，极易识别。木质锤柄呈黄色。

2. 部分禁限物品的图像特征实例图示

部分禁限物品的图像特征实例如图 4-19 所示。

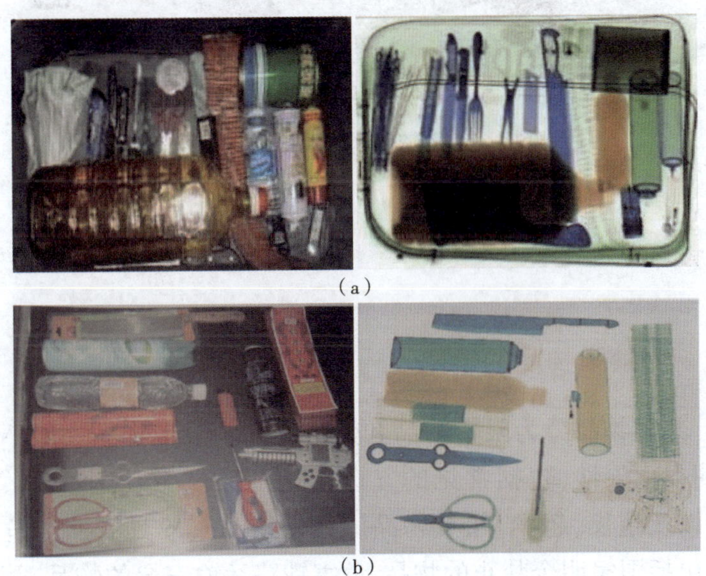

（a）

（b）

图　4-19

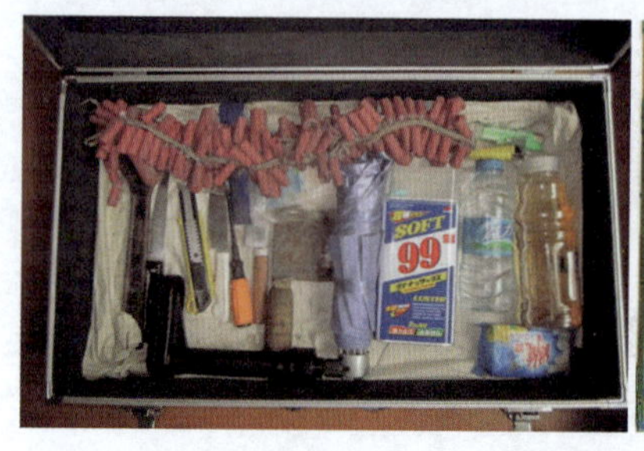

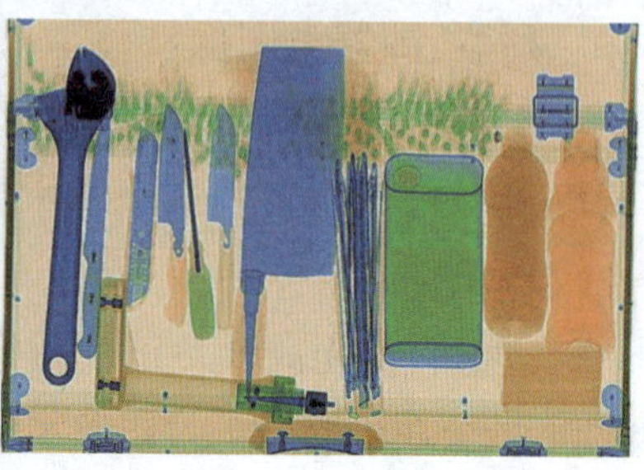

(c)

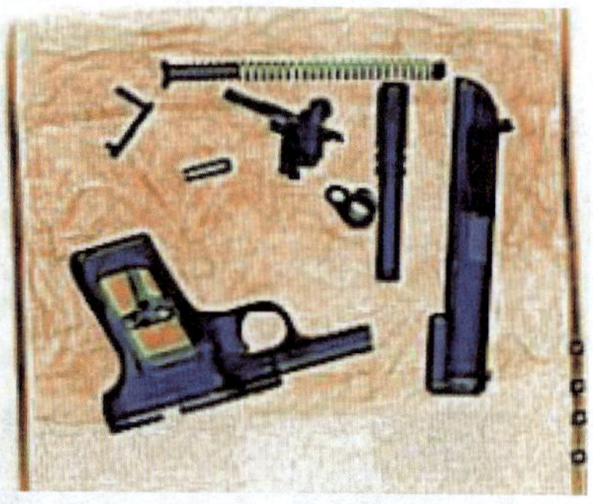

(d)

图 4-19　部分禁限物品的图像特征实例

第六节　禁限物品的处置

一、禁限物品的分类

禁限物品分为限带物品和禁带物品。限带物品一般不具有明显危险性，包括常见的气球、高度白酒、小刀、小宠物、家禽，以及超长、超宽、超重物品。禁带物品一般具有明显危险性，包括国家明令禁止的物品、危害铁路运输安全的物品、管制刀具等。

二、禁限物品的处置

安检过程中发现旅客携带禁止随身携带的物品，或者超过规格、数量携带限制随身携带的物品时，应告知旅客相关规定。

一般性禁限物品得到妥善处置后，方可进站；涉嫌违法犯罪的禁限物品，大都是禁止托运和随身携带的物品，应送交公安机关处理，并采取必要的先期处置措施。

1. 禁限物品的处置方式

(1)带回：由旅客送行人员带回。

(2)暂存：由安检部门暂存。

(3)托运：由旅客交快递企业托运。

(4)自弃：由旅客自愿放弃。

(5)送交公安：由公安机关进行处理。

2. 禁限物品的处置规定

(1)鞭炮、发令纸、摔炮、拉炮等易爆物品应按照规定进行防爆处理。

(2)旅客提出需暂存且符合暂存条件的，车站应提供暂存服务。

(3)以下物品不得在车站暂存：易燃易爆物品，有强烈刺激性气味的物品，有恶臭等异味的物品，饮食品、一次性打火机、自喷压力容器及活动物等。

(4)车站可通过设置禁限物品自弃箱(须有防取回功能)等方式引导旅客提前自行处置。

(5)车站要最大限度减少安检查获物品存放时间，及时联系有资质和能力的专业单位依规处理。

(6)任何单位和个人严禁擅自调换、变卖、私拿私藏或私自处置安全检查发现或者旅客自弃的禁限物品，一经发现依法依规严肃查处，涉嫌犯罪的，依法移交司法机关处理。

3. 禁带物品的处置

(1)在安检过程中发现禁带物品，特别是武器弹药、爆破器材等危险品后，应在其周围设置警戒区。警戒区最小半径见表 4-9。

表 4-9　警戒区最小半径

禁带物品情况	警戒区最小半径
禁带物品破坏程度相当于 10～20 kg 炸药	300 m
禁带物品破坏程度相当于 3～10 kg 炸药	200 m
禁带物品破坏程度相当于 3 kg 以下炸药	100 m
期刊、信件大小的微型爆炸装置	10 m
破坏程度相对较小的非爆炸类禁带物品	2 m

(2)禁止禁带物品携带者进入铁路设施管控范围，将禁带物品交由警方处理。对易燃易爆物品、爆炸物品类等违禁品，应将其放入防爆罐。若判明为爆炸物品类，还应及时疏散人群。

4. 可疑物品的处置

(1)发现可疑物品后，上报警务室和车站值班室，自报身份后，说明可疑物品的有效信息，以便及时应对。

(2)在不引起旅客恐慌的前提下，设置警戒区，疏散旅客。

(3)将危险区域内的贵重物品及受热、震动、爆炸后会引发恶性事故的设备、物品移走，放到安全地方暂时保存。等可疑物品处理完成后，再将其移回到原来的位置。

(4)若确定可疑物品是违禁品时,在危急的情况下,铁路安检部门能处理的,可先行处理。若无法判断可疑物品的属性、威力等情况,铁路安检部门无力处理时,应待公安人员到达现场后,汇报当前详细情况,并配合其工作。

第五章 铁路安检服务礼仪

第一节 基本行为规范

一、一般行为规范

（1）上岗前不吃有异味食品，不饮酒；执勤期间应做到举止端庄，不吸烟、不吃零食；不得在工作现场接听私人电话、收发信息、看书看报。

（2）尊重受检人的风俗习惯，对受检人的穿戴打扮不取笑、不评头论足，不歧视残疾人，遇事不围观。

（3）态度和蔼，检查动作规范，不得推拉受检人；自觉使用文明用语，热情有礼，不说服务忌语。

（4）上岗前化妆应遵循淡雅、简洁、适度、庄重、避短原则。

（5）爱护企业财物，禁止随意挪动、毁坏设施、设备、器材等；工作现场物品摆放整齐，不摆放私人物品。

（6）爱护受检人的行李物品，检查时轻拿轻放，不乱翻、乱扔受检物品，检查完后主动协助受检人整理好被检物品。

（7）按章办事，耐心解释受检人提出的问题，禁止用生硬的口气、语言与受检人交谈。不得借故训斥、刁难受检人；不得倚靠椅子、双手抱于胸前与受检人交谈。

(8)不得在受检人面前掏耳孔、抠鼻子、抓面部、搔痒;不得面对受检人打喷嚏、擤鼻涕、打哈欠。

(9)着制服走路时,不得将手插入衣、裤口袋或怀抱双手;着制服时应注意自己的言行,严禁喧哗、追逐打闹或在休息室以外的场所吃各类食品(含口香糖等)等行为;在正常勤务中交接班时应排队换岗,不可勾肩搭背、嬉笑打闹。

(10)乘坐自动扶梯,应靠右侧站立,空出左侧通道,以便旅客通行;应主动照顾同行的老人与小孩踏上扶梯,以防其跌倒;如需从左侧急行通过时,应向给自己让路的人致谢。

(11)不占用旅客资源,不在旅客休息区域休息;不得蹲坐或躺卧在窗台、台阶或地面上;不得倚靠、攀爬栏杆、墙壁、工作台或仪器设备;不得使用公共区域的洗手池洗漱、洗衣服等。

(12)在所有场合不得和受检人抢行;不得随意吐痰,扔废纸、废物。

二、仪容规范

1. 男性安检人员仪容

(1)保持面部清洁。

(2)头发应干净整齐,色泽自然,不允许留长发、剃光头、烫发。头发前不可过眉,后不可盖领,侧不可遮耳,鬓角不过中耳线。

(3)每天坚持剃须,不准留胡须。

(4)保持双手清洁,指甲应经常修剪,保持短而整齐,长度不超过指尖 2 mm;执勤期间不允许佩戴戒指、手链、项链等饰品。

2. 女性安检人员仪容

(1)保持面部清洁,化妆应清新自然。耳钉只能佩戴一对且单只直径不能超过0.5 cm,耳钉颜色清淡且只得佩戴于耳垂部位。

(2)发型自然大方,干净整洁,不留奇型怪发。着制服时,头发必须束起。不允许戴夸张头饰。

(3)保持双手清洁,指甲应经常修剪,保持短而整齐,长度不超过指尖2 mm,不涂有色指甲油。执勤期间不允许佩戴戒指、手链、手镯、项链等饰品(在不影响工作的前提下,已婚员工可佩戴一枚戒指)。

三、仪表规范(图5-1)

(1)着装要清洁、合体、整齐,上班要穿工作服,工作服应烫平、整齐、干净;纽扣要齐全并扣好,不可敞胸露怀、衣冠不整。

(2)按规定缀钉与佩戴安全检查标志、领带(领结)、帽徽、肩章等。

(3)系领带时要将衣服下摆扎在裤子里。着制服外套时,应将外套内衬衫等下摆扎在裤子里。

(4)按规定配套着装,冬季、夏季制服不得混穿。不准披衣、歪戴帽子。不得将衣袖、裤腿卷起。

(5)换季时应统一换装。

(6)执勤期间应着黑色、深棕色皮鞋。

(7)皮鞋要定期清洁,保持光亮。必须穿袜子,袜子颜色不应与皮鞋颜色反差过大,忌黑鞋配白袜,袜子应无勾丝、破损,女员工只可穿无花、净色的丝袜,切忌袜口露于裙子外。

(8)只准佩戴国家和上级部门统一制发的证章、证件和工号等(严格遵守各类佩戴规定),证件上不贴(挂)任何装饰物品(包括钥匙等),并统一佩戴于左胸。

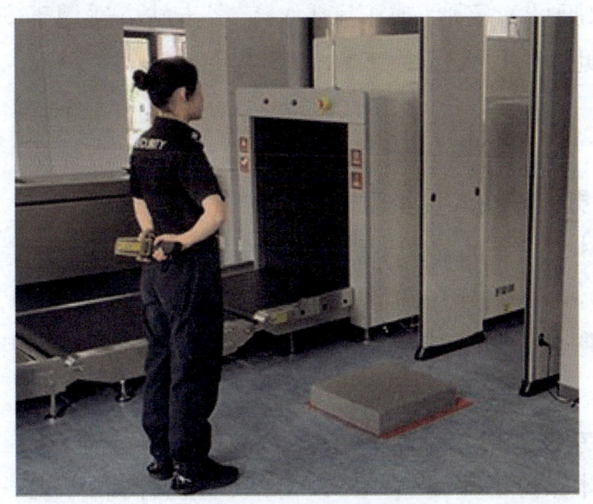

图 5-1　仪表规范

第二节　基本动作规范

一、站姿规范

(1)头正,两眼平视前方,嘴微闭,收颌,表情自然,略带微笑。

(2)两肩平正,略微放松,稍向后下沉。

(3)臂垂,两肩自然下垂,或两臂自然背后。

(4)躯挺,胸部挺起、腹部内收,腰部正直,臀部向内向上收紧。

跨立式站姿双脚距离应与肩同宽。适用于手检岗位人员待岗时，双手放于身后横握金属探测器，右手握探测器把手，左手握探测器器身。V 字步站姿，双腿靠拢，两腿关节与髋关节展直，双脚呈 V 字形（或丁字形）；V 字步站姿适用于安检引导人员和处置岗位人员。

二、坐姿规范

1. 男性安检人员坐姿

上体保持正直，双肩平齐、舒展，头正，两眼平视。男性安检人员膝部自然分开，但不要超过肩宽，双臂自然前伸，双手放在两个膝盖上，如座椅前有柜台或桌子时，可将双手自然放在台面上。

2. 女性安检人员坐姿

上体保持正直，双肩平齐、舒展，头正，两眼平视。女性安检人员双臂自然下垂，双手交叠（右上左下），手心向下放于腹前，双膝并拢，腿可以放中间或偏向同一侧，如座椅前有柜台或桌子时，可将双手交叉自然放在台面上，手心向下。

三、走姿规范

行走时在保持站姿的基础上，水平向前，步伐轻盈，平稳适中，上身挺直，双肩平稳，目光平视，下颌微收，面带微笑；挺胸、收腹，使身体略微上提；手臂伸直放松，手指自然弯曲，双臂以肩关节为轴自然摆动。摆臂时，上臂带动前臂，双臂前后摆幅以 15°~35°为宜，肘关节略弯曲，前臂不要向上甩动；跨步时两脚间的距离适中，以一只脚长为宜。无紧急情况，不得在公共区域内奔跑，不得多人并列行走，遇到旅客时主动侧身让路。

第三节　岗位文明用语

一、各岗位常用文明用语

1. 引导员岗位文明用语

(1)您好,请您接受安全检查。

(2)请您自觉排好队接受安全检查。

(3)带包的旅客,请依次通过安检机。

(4)无包的旅客,请走绿色通道。

(5)请您提前取下包裹接受安全检查。

(6)感谢您的配合。

2. 值机员岗位文明用语

(1)您好,您的包里是否有疑是××(禁限物品)的禁限物品?

(2)您好,您包里是否有液体?

(3)您好,您包里的瓶子里装的是什么?

(4)感谢您的配合。

3. 手检员岗位文明用语

(1)您好,请您抬起双臂。

(2)您好,请您转身。

(3)您好,请通过。

4. 处置员岗位文明用语

(1)您好,请您接受安全检查。

(2)您好,请您将所携带的液体取出。

(3)您好,请您试喝一下瓶里的水。

(4)您好,请您接受开包检查。

(5)您好,请出示证件并进行登记。

(6)您好,此物品属于易燃、易爆物品,不能带入,您可以自弃处理,或采取带回等其他方式妥善处理。

(7)您好,您的物品属于管制刀具类禁限物品,需没收并上报公安部门,请您配合。

(8)您好,请您携带好随身物品。

(9)感谢您的配合。

二、主要服务忌语

1. 冷漠、不耐烦、推托的语句

(1)不知道。

(2)不清楚。

(3)没时间。

(4)没办法。

(5)自己看,自己听。

(6)不归我管,我不管。

(7)少啰唆,少废话。

(8)别问我,去问别人。

(9)没看我正忙着吗?

(10)票上写着呢,不会看呀?

2. 不当称呼

(1)喂。

(2)老头。

(3)农民工。

3. 斥责、责问的语句

(1)急什么,早干啥去了?

(2)真讨厌,真烦人。

(3)叫(嚷)什么?

(4)没长眼呀?

(5)你聋了,叫你怎么不听?

(6)说过多少遍了,怎么不听?

(7)为什么不把证件(物品)拿出来?

(8)叫你拿出来,为什么不拿?

(9)叫你站住怎么不站住?

4. 讥讽、轻视的语句

(1)你出过门吗?

(2)土老帽。

(3)乡巴佬。

(4)看你就不是个好人。

5. 生硬、蛮横的语句

(1)我说不行就是不行。

(2)找别人去,我不管。

(3)不让带就是不让带。

(4)就是这样规定的,不清楚看公告去。

(5)你算什么东西。

(6)不检查就给我出去,不要坐火车,又没人请你。

(7)我就这样,有本事你去告我好了。

6. 催促、命令式的语句

(1)快点。

(2)回来。

(3)过来。

(4)过去。

(5)转过去。

(6)站上去。

(7)走吧。

7. 随意下结论的吓唬式语句

(1)你的证件是假的,没收。

(2)不老实就送你到派出所。

(3)带这个东西要判刑的。

(4)带这些东西要罚款。

第四节　安检常用英语

一、安检前的常用英语

(1)Please line up and come in one by one. 请排队进入。

(2)It's crowed here at the door, please move to the middle. 门口拥挤,请往中间走。

(3)Please back up. 请您往后站。

(4)Follow me, please. 请跟我来。

(5)Go straight ahead. 直往前走。

(6)May I help you? 需要帮忙吗?

(7)Please speak slowly. 请慢点讲。

(8)Be careful, it's dangerous! 小心,危险!

(9)No smoking here, please. 请勿吸烟。

(10)Please keep order. 请遵守秩序。

(11) All your bags should be checked by X-ray. 所有行李都要经过 X 射线检查。

(12) Please cooperate with me. 请您配合。

(13) Excuse me, you can not just go in. You have to accept the security check. 对不起,您不能就这样进去。您需要接受安全检查。

(14) It's for your safety. 这是为了您的安全。

(15) The security check is for the safety of everyone including you. 安全检查是为了确保包括您在内的所有人的安全。

二、安检中的常用英语

(1) Please put your baggage on the conveyor belt. 请把您的包放在传送带上。

(2) Please come over for inspection. 请过来接受检查。

(3) Turn around please. 请转身。

(4) I'm sorry to tell you that they are dangerous goods. You can't take them with you into the station. 很抱歉告诉您,这是危险品,您不能带进车站。

(5) Please open your bag. 请打开您的包。

(6) It's against the law. 这是违法的。

(7) Please come along with us to the police station. 请跟我们去派出所。

(8) Please fill in the form and sign your name. 请填这个表格,并签名。

三、安检后的常用英语

(1)Checking is done, thank you for your cooperation. 检查完毕,谢谢您的配合。

(2)You may leave now. Thank you very much! 您现在可以离开了。谢谢!

(3)Please take all your belongings. 请带上您的所有物品。

第六章 铁路突发事件应急处置

第一节 铁路突发事件应急处置概述

一、铁路突发事件的概念

铁路突发事件是指在铁路运营生产过程中，突然发生，已经造成或可能造成重大人员伤亡、财产损失、行车组织计划变更的所有非正常事件。我国依据突发事件的发生领域和性质，将铁路突发事件分为自然灾害、事故灾难、公共卫生、社会安全四类，每一类都包含若干事件。

二、铁路突发事件应急处置的目的

铁路突发事件应急处置的目的是预防和减少突发事件的发生，控制、减轻和消除突发事件引起的严重社会危害，规范突发事件应对活动，保护人民生命财产安全。

三、铁路突发事件应急处置的工作原则

（1）以人为本，科学决策。把保障人民群众的生命、财产安全，减少突发情况造成的损失放在首位。

（2）统一指挥，分级负责。在铁路突发情况应急处置机构

的统一领导下，由相关职能部门负责有关铁路突发事件的应急处置工作。

(3)属地为主，分工协作。在对铁路突发情况进行应急处置时，相关部门要主动配合、密切协作、整合资源、信息共享、形成合力，保证信息的及时准确传递、事件的快速有效处置。

(4)应急处置与日常建设相结合，增强有效应对能力。对突发情况要有充分的思想准备，建立有效的应对机制，做到常备不懈。应急机制建设和资源准备要坚持应急处置与日常建设相结合的原则，以降低运行成本。

四、铁路突发事件应急处置的基本流程

1. 应急响应启动

在发生铁路突发事件时，首先需要立即启动应急响应机制。这一过程包括以下五个方面：

(1)紧急报警：当发生突发事件时，现场人员应立即向铁路管理部门报警，同时报告事件的时间、地点、性质等基本信息。

(2)紧急会议：铁路管理部门接到报警后，应立即召开紧急会议，研究事件的处置方案。

(3)启动应急预案：根据事件的性质和严重程度，启动相应的应急预案。

(4)通知相关部门：根据应急预案的要求，通知相关部门和人员参与应急处置工作。

(5)现场指挥：选派具备现场指挥经验的人员前往突发事件现场，进行现场指挥和协调工作。

2. 应急资源调配

在应急响应启动后,应急资源的调配显得尤为重要。以下是应急资源调配的主要内容:

(1)人力资源:在突发事件发生后,需要调配具备应急处置经验的人员前往现场,包括现场指挥、救援、疏散等人员。

(2)物资资源:根据应急预案的要求,调配所需的应急物资,如医疗用品、食品、饮水、救援设备等。

(3)交通运输资源:在应急处置过程中,须保障应急物资和人员的及时运输,因此需要调配相应的交通运输资源。

(4)信息资源:在应急处置过程中,须及时获取相关信息,如交通状况、天气情况等,因此需要调配相应的信息资源。

3. 疏散救援组织

在铁路突发事件中,疏散和救援是非常重要的工作。以下是疏散救援组织的主要内容:

(1)疏散方案:根据事件的性质和严重程度,制定相应的疏散方案,明确疏散路线、集合地点等细节。

(2)救援队伍:组建专业的救援队伍,包括医疗人员、消防人员、警察等,确保能够在第一时间到达现场进行救援。

(3)疏散协调:在疏散过程中,需要协调好各种资源,包括交通运输资源、物资资源等,确保疏散过程的顺利进行。

(4)救援实施:在救援过程中,需要按照救援方案实施,确保救援工作的及时、准确和有效。

4. 现场紧急处置

在铁路突发事件中,现场紧急处置是非常重要的环节。以下是现场紧急处置的主要内容:

(1)现场勘查:在事件发生后,应对现场进行勘查,了解事件的原因和情况。

(2)紧急救援:在紧急情况下,应优先保障人员的安全,进行必要的救援工作。

(3)现场指挥:现场指挥应统一指挥现场的应急处置工作,协调好各种资源。

(4)紧急处置措施:根据事件的性质和严重程度,采取相应的紧急处置措施,如灭火、抢修等。

5. 交通秩序恢复

在铁路突发事件后,需要进行交通秩序的恢复工作,确保铁路运输的顺利进行。以下是交通秩序恢复的主要内容:

(1)现场清理:对事件现场进行清理,清除损坏的设备、物资等。

(2)线路检查:对相关线路进行检查,确保线路的安全通行。

(3)交通调度:根据线路检查的结果,进行必要的交通调度,确保铁路运输的顺利进行。

(4)信息发布:及时向公众发布相关信息,如列车时刻调整、线路封闭等情况。

6. 突发事件原因调查

在铁路突发事件后,需要对其原因进行调查,以防止类似事件的再次发生。以下是其原因调查的主要内容:

(1)现场勘查:对事件现场进行详细地勘查,了解事件的发生过程。

(2)原因分析:对事件的原因进行分析,找出导致事件发生的主要原因。

(3)事故模拟:通过模拟实验等方法,对事件的原因进行验证。

(4)报告撰写:撰写突发事件调查报告,将调查结果进行整理和分析,提出相应的预防措施。

7. 责任追究与处理

在铁路突发事件中,需要对相关责任人进行追究和处理,以维护公正和公平。以下是责任追究与处理的主要内容:

(1)责任认定:根据突发事件调查的结果,对相关责任人进行责任认定。

(2)追究处理:根据责任认定的结果,对相关责任人进行相应的追究和处理。

(3)整改落实:对事件中存在的问题进行整改,落实预防措施,防止类似事件的再次发生。

第二节　治安类事件的应急处置

一、爆炸的应急处置

(1)迅速反应,及时报告,密切配合,全力以赴疏散旅客、排除险情,尽快恢复运营。

(2)铁路企业应针对列车、车站、接触网、控制中心,以及存车场等重点防范部位制定防爆措施。

(3)铁路站车内发现的爆炸物品、可疑物品应由专业人员进行排除,任何非专业人员不得随意触动,应及时报警、迅速撤离,并协助专业人员开展处置工作。

(4)铁路爆炸案件一旦发生,铁路企业应立即报告当地公安部门、消防部门和卫生部门,组织开展调查处理和应急工作。

(5)铁路突发事件应急机构接到爆炸报告后,应立即组织启动相应的应急预案。

(6)为防止连环爆炸,对周围有易燃、易爆物品的现场应采取有效的防范措施,迅速搬离易燃、易爆物品,防止发生连环爆炸事故。

(7)注意把握撤离时机,避免不应有的牺牲。

二、毒气袭击的应急处置

1. 处置原则

接到毒气事故报警后,必须携带足够的氧气、空气呼吸器及其他特种防毒器具,并为救援人员提供个人防护装备保障。在救援的同时应该迅速查明毒源,划定警戒区域,遵循"救人第一"的原则,积极抢救已中毒人员,疏散受毒气威胁的群众。

2. 处置措施

大多数的毒气事故发生后必须及时进行洗消,洗消流程如下:

(1)控制污染源,及时消除污染。控制措施越早受污染面积越小。直接对泄漏点或泄漏部位洗消,构成空间除污网。

(2)确定污染范围。做好事故现场的应急监测,及时查明泄漏源的种类、数量和扩散区域,明确污染边界,确定洗消量。

(3)严防污染扩散。对毒气事故的污染清除,充分发挥企业救援体系作用,采取有效措施防止污染扩散。

(4)污染洗消。利用喷洒洗消液、抛撒粉状消毒剂等方式消除毒气污染。

三、打架斗殴事件的应急处置

(1)迅速隔离矛盾双方,防止事态进一步发展。

(2)疏导围观群众,为平复双方的情绪创造环境。

(3)查明原因,分析利害,教育矛盾双方正确认识和处理彼此间的摩擦。

(4)冷处理方式。特别对那些情节较轻的斗殴,应让矛盾双方冷静下来,最后达成握手言和。

四、抢劫事件的应急处置

(1)坚决制止抢劫犯罪,抓获、押送抢劫犯罪嫌疑人。可根据实际情况采取多种措施制止抢劫犯罪,如迅速关闭大门,封闭通道,切断控制开关电源,也可果断制服犯罪嫌疑人。

(2)及时报警。如果由于现场情况限制,不能立即报警的,则应根据实际情况寻找时机灵活报警。

(3)沉着机智,灵活处置。如果犯罪分子人数较多,或持枪、持爆炸物等抢劫的,不要惊慌,不可硬拼,注意把握时机制服犯罪嫌疑人,或在伺机报警后牵制住犯罪嫌疑人。

(4)保护现场,提供线索。

(5)重要的守护目标应制定防抢劫预案,并设置方便有效的警报装置。

五、对精神异常者的应急处置

(1)对精神异常者的一般处置。铁路车站遇到的一般精神病患者,应防止其行为对周围人和物的侵害,通过适当方式将其合法化地监护起来。同时,及时与有关部门取得联系,联系监护人将其领回，无法与监护人取得联系时，应通知社会福利部门处理。在此期间要注意关心精神异常者的生活，为其提供一定的饮食或休息场所，尽量引导其配合工作。

(2)对有暴力倾向患者的处置。对于在责任区内发生伤人毁物行为的精神异常者，要立即采取有效措施制止其侵害行为的继续，并及时疏散围观群众，采取合理的办法将精神异常者约束起来。设法尽快与其监护人取得联系，同时将此情况通报公安机关，以便对精神异常者进行进一步约束和保护，并依据其行为可能造成的后果，追究其监护人的责任，防止类似事件再次发生。

六、对冲闯受检人的应急处置

(1)迅速组织关闭安全检查通道，防止受检者冲撞。

(2)现场值班队长迅速派遣安全检查备勤人员前往现场进行宣传、劝阻和疏导工作。与受检者接触时要注意避免语言和肢体冲突。对于冲进隔离区的受检者，现场值班队长派安全检查员前去控制。与此同时，要通知值班民警，报公安部门指挥中心。

(3)现场值班队长及时、准确地向公安部门值班领导汇报现场情况，公安部门值班领导接到信息后立即赶到现场指挥调配，现场协调控制事态。

(4)保安人员如发现不法分子乘机捣毁，应采取果断措施制止，待执勤民警赶到后予以处置。

(5)执勤民警到达现场后，现场值班队长应组织人员协助并配合执勤民警开展工作。

(6)做好善后工作，及时向公安部门指挥中心递交书面信息。

七、对新型恐怖威胁的应急处置

铁路面临的恐怖袭击手段不断发生变化,在防范传统恐怖威胁形式的同时,更要关注隐蔽性更强、破坏力更大的新型恐怖威胁。

1. 新型恐怖威胁的种类

(1)液态危险品。液态危险品主要指 TATP(三过氧化三丙酮)等爆炸物,汽油和丙酮等易燃液态危险品,因其无特定形状特征,又可以将主要制作原料分开携带并在现场组装和引爆,几乎无法利用传统安检技术进行防范。

(2)胶状和粉末状爆炸物。这些爆炸物很难与肥皂、糖等日常用品区分,隐蔽性强,传统安检技术难以检测和识别。

(3)"脏弹"。"脏弹"指内置放射性物质的爆炸装置,其被引爆后,放射性物质可对爆炸现场造成长期的辐射影响,很难完全清理。

2. 应对新型恐怖威胁的相关技术

(1)综合应用 X 射线成像技术、计算机断层扫描技术、痕量爆炸物探测技术、金属探测技术、放射性物质监测技术等先进安检技术,能有效识别爆炸物与武器,易燃、易腐蚀物品和放射性物质等各类禁限物品。

(2)实时采集、存储和处理各类 X 射线图像、视频监控图像等信息,发生安全威胁事件后可供调查分析使用。

(3)采取普检与精检相结合的安检工作模式,以及设置开包复验工作站,安装人脸识别设备等措施,提高安检工作效率,改善安检工作质量。

(4)充分考虑各地区、各时间段安检目标和安检标准的差异性，灵活配置检测设备，科学、合理地进行安检级别和灵敏度的设置。注重安检工作方案的人性化设计。

3. 针对新型恐怖威胁的主要安检技术应用

(1)X 射线成像技术。该技术主要用于对爆炸物、武器、管制器具等危险品、禁限物品进行检测。

(2)计算机断层扫描技术。该技术能够自动识别易燃、易爆、易腐蚀性危险液体，以及用于制作液体爆炸物的主要液体组成成分。

(3)痕量爆炸物探测技术。该技术能够自动检测粉末状、胶状物品是否存在爆炸物，并能鉴别爆炸物的种类。

(4)金属探测技术。该技术主要用于对金属材料武器和管制器具等危险品、禁限物品进行检测。

(5)放射性物质监测技术。该技术主要用于对“脏弹”等含有放射性物质的危险品、禁限物品进行检测。

第三节　其他事件的应急处置

一、火灾的应急处置

1. 第一发现人

(1)立即通知现场值班队长。

(2)立即组织本通道其他安检人员疏散受检人员。

(3)尽量切断现场设备电源。

(4)远离失火现场。

2. 现场值班队长

(1)立即拨打火警电话119,说明详细地点、火情、人员撤离情况等。

(2)立即通知现场值班领导及公司值班领导,汇报详细地点、火情、人员撤离情况等。

(3)组织人员疏散受检人员,维持现场秩序(注意区分已检受检人员和未检受检人员)。

3. 现场值班领导

(1)立即到达现场了解情况。

(2)立即向公司领导汇报现场情况。

(3)指挥安检人员疏散受检人员、维持现场秩序,做好人员自保工作。

4. 公司值班领导

(1)接到报警后立即赶到现场。

(2)协助相关单位(消防、公安)工作。

(3)处置突发事件。

(4)做好善后工作。

5. 安检人员

通道内其他安检人员要服从命令、听从指挥,积极疏散受检人员,维护现场秩序。

二、大客流的应急处置

1. 处置方法

(1)当铁路车站出现大客流情况后,应立即会同车站工作人员共同维持车站秩序,控制出入口和检票口的人流,实施限流、分流、关闭部分卷帘门等措施,及时调集相关力量进行支援。应视情况采取停止售检票、关闭部分出入口等措施。

(2)密切关注客流变动情况,加强与铁路运营人员的联系,根据现场情况实施跳站运营、关闭车站等应急处置措施,发现可能引起踩踏事件的情况要及时上报。

(3)控制车站出入口和检票口,在最短的时间内将出站旅客疏散出车站。

2. 预防措施和处置要点

(1)收集相关信息,组织人员制定应急方案,做出准确的预测。

(2)当铁路运营中出现设备故障、车辆故障并对客流产生影响时,相关单位应及时派出增援力量,会同车站人员视情况售检票,并采取退票、疏散旅客出站、关闭出入口等紧急措施,同时播放疏导广播,以取得旅客的理解和支持。

(3)当发生群体性骚乱事件影响客流时,相关单位应立即抽调力量赶赴现场控制局势。对于滋事的主要人员,要迅速将其带离现场进行审查(注意及时取证);对围观人员要进行宣传和疏导,劝其尽快离开,对不听劝阻的人员,予以强行驱散,防止事态扩大、矛盾激化,争取在最短时间内恢复车站正常秩序。

三、铁路大面积停电的应急处置

(1)因停电安全检查设备全部不能正常使用,安检人员立即上报现场值班领导,暂停安全检查。

(2)现场值班领导通知设备维修部门进行修复,并就安全检查设备断电具体情况做好记录(时间、通道号、断电原因等具体情况)。

(3)现场值班领导现场督导指挥应急救援工作,并向上一级领导汇报现场情况。

(4)现场值班领导组织人员对现场通道安全进行有效管理控制,防止受检人员因情绪激动冲闯安全检查通道。

(5)现场值班领导安排人员做好待检人员的秩序维护,稳定受检人员不安、烦躁、不满情绪,做好宣传解释安抚工作,并根据受检人员流量决定是否申请从其他安全检查区域调动安检人员支援。

(6)现场值班领导准确掌握故障原因,了解故障排除进度、安全检查所能采取的应对措施及给予受检人员的帮助等。

(7)停电恢复,待设备正常后,现场值班领导下达开启通道指令,恢复正常安全检查运行,并将恢复信息上报公司安全检查值班领导。

四、铁路大面积延误的应急处置

(1)遇受检旅客列车大面积延误时,安全检查现场带班人员应根据受检旅客列车发送动态及受检旅客流量,预留出能够保障安全检查勤务正常运行的安全检查备勤人员,以保证出现受检旅客列车大面积延误时,加强安全检查力量。

(2)安全检查现场带班人员及时组织维护秩序的人员宣传疏导,安抚受检旅客情绪,稳定现场秩序,并及时请示现场值班队长调配人员,增加人身、开包等检查人员,以确保受检旅客快速有序通过检查。

(3)若发生受检旅客冲闯安全检查区域通道,值班班长应立即下令关闭通道,对冲闯人员进行控制,并引导其他候检旅客到其他安全检查通道接受检查。同时上报公安部门、现场值班队长。安检人员应避免与受检旅客发生语言及肢体冲突。

(4)恢复工作。预案解除后,恢复正常检查工作。

五、安检设备故障的应急处置

(1)当发现安全检查系统故障时,该故障通道引导员应及时疏导通道外候检旅客到其他通道过检。

(2)故障通道安检人员立即向值班班长汇报安全检查通道故障信息。

(3)值班班长向现场值班队长上报安全检查通道系统故障。

(4)通道值机员记录故障时间、通道号、故障现象等具体情况。

(5)由现场值班队长负责决定临时关闭故障通道,组织疏导候检旅客到其他正常通道等候检查,或可立即决定在不关闭通道的情况下实施手工人身及开包检查,并维护好现场秩序。

(6)必要时可调配更多手检员对候检旅客进行手工检查。

(7)在故障通道抢修期间,如有备用通道,现场值班队长根据安全检查现场受检人员流量决定是否加派临时休息的安检人员增开备用通道,减少受检人员排队候检时间,维护好安全检查现场秩序。

(8)现场值班队长负责组织做好维护秩序宣传工作,安抚候检旅客情绪。

(9)待系统设备恢复正常后,现场值班队长负责下达撤销手工检查工作方案的指示,恢复正常安全检查程序,同时将故障通道恢复时间进行记录。

六、发现无人认领箱包的应急处置

1. 检查方法

一看、二听、三闻：

一看。看箱包的表面是否有附着物、拉链及其他部位是否有突出的线或绳。

二听。听箱包内有无钟表或洗衣机定时器走动的“嘀嗒”声。

三闻。闻箱包内是否有刺激性的气味，如黑火药是臭鸡蛋的味道，硝铵炸药是氨水的气味。

如发现上述问题的其中一项，禁止任何操作，并应及时上报指挥中心和公安部门，由专门人员进行处置。

如以上检查方法均证明是安全的，应按照开可疑箱包的程序进行：

(1)有人动过但无人认领的箱包：曾经有人动过，再放下的箱包，可以按照程序检查后拿走箱包。

(2)无人动过或无人认领的箱包：不能随意动，按照程序检查，无疑点后先用挑杆挑起箱包过安全检查仪，进行X射线安检仪检查。如有疑点，用挑杆挑起放入防爆罐内，等待专业人员处置。

(3)无论有人动过或无人动过的箱包，一旦发现可疑点后，应使用防爆毯和防爆围栏将其覆盖，并疏散周围人员，拉出警戒线，然后等待专业人员处置。

2. 开包方法

(1)整体观察，掂重量。

(2)检查箱包六个面，尤其注意副兜和拉杆。

(3)打开拉链时,手贴拉链内侧检查是否有拉线,如有拉线应禁止拉开。如一切正常,慢慢拉开拉链,打开箱包盖时,用手轻压衣物,看是否有连线。

(4)将箱包内的物品分层取出,轻拿轻放,取上一层物品时要用手轻压衣物等下层物品,注意上下之间有无可疑连线,取出的物品要分清顺序和方向,左边物品放左侧,右边物品放右侧,注意检查夹层。

(5)检查箱子内侧和底部,检查完毕后,要按照原来的码放顺序复原。

(6)在打开箱包拉链和检查过程中,如发现两层物品中有连线或可疑装置时,必须停止操作,及时上报现场值班领导和公安部门。

七、发现疑似爆炸物品的应急处置

1. X 射线安检仪上发现疑似爆炸物品的应急处置

(1)当值机员在 X 射线安检仪图像上发现疑似爆炸物品时,应立即暂停机器,把行李控制在 X 射线安检仪中。

(2)立即向现场值班领导和公安人员报告。

(3)冷静处置,通知处置员控制好包裹。

(4)在公安人员的指挥下准备好防爆罐或防爆毯。

(5)如果需要,协助公安人员由搜爆犬对疑似包裹识别确认。

(6)控制包裹携带者,进行重点人身检查。由公安人员将嫌疑人带离现场。

(7)恢复安全检查现场工作,现场值班队长组织安检人员对安全检查现场进行清理检查。

2. 人身检查中发现疑似爆炸物品的应急处置

(1)在人身检查中发现有疑似爆炸物品时,应立即做出反应,冷静处置。

(2)发现人立即用暗语告知通道其他岗位人员,引导员立即关闭通道,疏散受检人员;值机员对嫌疑人包裹进行重点检查,并将此情况上报值班领导及现场公安人员;处置员控制住嫌疑人,将人和物分开,如疑似爆炸物绑在身上,立即将其带离人群,用防爆毯等隔离。

(3)如果需要,协助公安人员由搜爆犬对爆炸物品识别确认。

第四节　突发事件中安检人员工作内容

在铁路突发事件中,安检人员扮演着至关重要的角色。在铁路突发事件中,安检人员可能涉及以下工作内容。

1. 确定事件类型和位置

迅速确定事件的类型和位置。观察和了解事件的情况,这对后续的应急处置具有重要指导意义。

2. 报告上级领导

向上级领导报告事件情况。报告内容应包括事件类型、位置、涉及人员等信息。确保上级领导及时获取信息,做出正确决策。

3. 通知相关部门

迅速通知相关部门和机构,包括调度中心、公安部门、救援队伍等。通知内容应包括事件的基本信息、需要协助的方面及相关处置要求。确保相关部门能够及时响应,有效协作。

4. 现场勘查

进行现场勘查，了解事件的详细情况，包括事件的原因、影响范围、伤亡情况等。同时，采集现场相关信息，为后续的调查和分析提供依据。

5. 疏散人群

立即疏散周边人群，确保旅客和工作人员的安全。引导旅客有序离开现场，避免恐慌和混乱。同时，确保救援人员能够顺利进入现场开展工作。

6. 现场救援

立即联系医疗部门和警卫人员，组织紧急救援，为伤者提供及时的治疗和救助。

7. 协助调查

积极提供现场相关信息，为调查人员提供必要的支持和帮助。配合调查人员了解事件经过，分析原因，并制定相应的改进措施。

8. 清理现场

协助清理现场，确保现场不会对后续运行造成影响，恢复铁路运输的正常秩序。对现场留下的物品和痕迹进行清理，确保现场的整洁。

第七章 安检岗位安全风险

第一节　作业标准失控

一、风险描述

(1)工作人员违反作业纪律,岗位标准落实不到位。

(2)工作人员服务过程中发生违反服务质量规范的行为。

(3)手机集中管理岗位携带手机上岗,或其他岗位作业期间违规使用手机。

(4)未按规定佩戴音视频记录上岗。

二、防控措施

(1)班前充分休息,严禁饮酒,按规定着装,按规定佩戴职务标识按时上岗,班中按规定间休,严格执行作业纪律、劳动纪律及标准化作业。

(2)严格执行电子产品使用管理规定,班中严禁打游戏、玩手机。

(3)熟练掌握本岗位业务技能,严格落实培训和考试要求。

(4)严格落实规章、台账、备品、资料、系统、设备等相关管理要求。

（5）作业标准、服务规范执行到位，规范处置旅客投诉。确保服务、作业场所设备设施性能正常、秩序良好。

（6）执行服务质量管理制度，按规定组织调查、分析服务质量问题。正确处理旅客遗失物品。

第二节 危险品进站上车

一、风险描述

（1）安检漏检造成危险品进站上车。

（2）危险品从非正常通道进站上车。

（3）站车未规范处置查获物品，或查获物品存放管理不到位。

（4）承运的行李包裹夹带危险品。

（5）对旅客携带的禁止、限制携带物品未制止。

二、防控措施

（1）严格执行行包运输、检查、保管、安检制度，对可疑物品应开包检查。

（2）严格执行承运办理和通道管理规定，不携带或传递未经安检包裹进入站车。严格落实站内经营管控措施，不存放、经营禁限物品。

（3）规范使用安检仪等设备设施，规范台账登记。安检设备故障，及时汇报并组织人员检查。

（4）做好禁止携带危险品的宣传、检查及查获禁限物品的保管、处理工作，保管场所规范管理。

（5）禁止旅客携带禁止、限制携带物品进站上车。

(6)认真盯控安检通道,特别是未开启的安检通道,严禁闲杂人员、旅客从非正常通道不经安检进站。

(7)严格执行"逢包必检、逢液必查、逢疑必问"作业标准,加大液体查验力度,充分利用液体安检仪、液体探测仪做好液体的查验工作。

(8)做好查获禁限物品的存放、搬运、运输,与处理单位做好交接。

第三节　爆炸伤害风险

一、风险描述

(1)违反压力容器作业和储存有关规定。

(2)未定期检验压力容器。

(3)未定期巡视清理危险品仓库。

(4)禁止、限制物品暂存点未分类存放或定期清理。

二、防控措施

(1)明确压力容器作业、储存规定,完善防止爆炸伤害各项控制措施,健全压力容器安全技术档案。

(2)落实作业人员安全教育培训和持证上岗制度。

(3)易燃、易爆气体场所和危险品存放仓库按规定设置警示标志,配备消防设备、器材。压力容器安全附件功能良好。

(4)落实防爆炸伤害控制措施。执行压力容器作业规定。禁止使用未按规定注册登记的压力容器。无压设备设施严禁有压运行。

（5）按规定对危险品存放仓库进行定期巡视清理，发现隐患及时上报；禁止或限制物品暂存点按规定分类存放，并定期清理。

第四节　旅客意外伤害风险

一、风险描述

（1）站车作业计划安排不合理或差错，岗位安排不当、业务错办、引导差错、列车编组变化后组织不当；客运人员未对站车关键处所进行巡视，未对旅客乘降有效组织。

（2）站车广播、安全服务等各类用语、标识、揭示、公告错误。

（3）客运设备设施管用修制度不落实。

（4）旅客通道能力、流线设置与客流不匹配，客流高峰时段通道能力未开足。

（5）站车突发危及旅客安全事件时，未按规定及时处置和上报。

二、防控措施

（1）健全完善旅客安全相关规章制度办法、作业指导书和应急预案。

（2）安全、服务设备设施、引导标识有效齐全，按规定落实客运设备设施的管用修制度。站车作业类广播、动静态标识显示引导正确。

（3）行车、客运岗位加强联控，严格执行标准化作业。加强进站查验、通道管理、站车乘降组织。

（4）发现危及旅客安全或行车安全时，按规定处置、救治。

（5）依据站场条件、客流规律设置足够的通道能力和旅客流线。合理安排作业计划，加强核对与组织应对。

（6）警戒线管理、限时候车、以车代候、以站保车等措施运用到位。

（7）加强对视频监控、音视频记录仪设备的使用管理。

（8）地面湿滑，应及时防护，督促保洁人员及时处理。

（9）安检人员提醒每位旅客注意脚下安全。

第八章 安全检查心理学

第一节　心理学概述

一、心理学概念

心理学是一门涵盖多个分支学科的综合性学科，旨在揭示人类心理和行为的奥秘。通过对心理学的学习和研究，可以更好地理解自己和他人，提高生活质量，促进人类的健康发展。

二、马斯洛需求层次理论

马斯洛需求层次理论是人本主义心理学中的一个重要理论，由美国心理学家亚伯拉罕·马斯洛在1943年提出。这个理论从五个层次描述了人的需求发展，从低到高分别是：

（1）生理需求：这是人类最基本的需求，包括食物、水、空气、睡眠等维持生命所必需的条件。

（2）安全需求：人们需要感到安全，不受威胁，包括身体和心理的安全。

（3）社交需求：人们需要与他人建立联系并感到被接纳和认同，包括友谊、爱情和归属感。

（4）尊重需求：人们需要感到自己有价值和受到尊重，包括自尊和他人对自己的尊重。

(5)自我实现需求：这是最高层次的需求，人们需要实现自己的潜在能力，实现自我价值。

马斯洛认为，人的需求是按照这个层次发展的，先满足低层次的需求，然后才会追求高层次的需求。这也意味着，当一个层次的需求得到满足后，人才会追求更高层次的需求。这一理论被广泛用于解释和理解人类的行为和动机。

三、气质与性格

(一)气质

气质是表现在心理活动的强度、速度、灵活性与指向性等方面的一种稳定的心理特征。每个人都有自己独特的气质，表现在情绪反应、活动强度、感知速度、灵活性等方面。根据气质的特点，可分为以下类型。

1. 胆汁质

胆汁质的特点是情感发生迅速、强烈，动作的发生也是迅速、强烈、有力。胆汁质的人通常表现出直率、热情、精力旺盛、情绪易于冲动、心境变换剧烈等特点。这类人的情绪体验较为强烈，但往往缺乏耐心和细心。

胆汁质的人适合从事有挑战性的工作，如企业家、领导者等。他们通常能够在高压环境下保持冷静，并且能够果断做出决策。然而，他们也有情绪波动较大的缺点，需要特别注意控制情绪，避免在工作中表现出过于情绪化的行为。

2. 多血质

多血质的特点是注意力容易转移、志趣容易变化、灵活好动、有较突出的外向性。多血质的人容易形成有朝气、热情、活泼、爱交际、有同情心、思想灵活等品质，也容易出现变化无常、粗枝大叶、浮躁、缺乏一贯性等特点。

多血质的人适宜于做要求反应迅速而灵活的工作，如外交工作者、演员等。他们容易适应环境变化，学习新事物的能力较强，但需要提醒他们在工作中要有耐心和韧性，不要轻易放弃。

3. 黏液质

黏液质的特点是安静、稳重、注意力稳定但难以转移、善于忍耐、情绪反应缓慢。黏液质的人通常表现出稳重、沉着、冷静、迟钝、果断、坚韧、自制力强等特点。

黏液质的人适合从事需要持久耐心和稳定性的工作，如医生、科学家、研究员等。他们通常能够在高压环境下保持冷静，并且能够做出准确的决策。然而，他们也有行动迟缓和灵活性不足的缺点，需要特别注意提高自己的灵活性和反应能力。

4. 抑郁质

抑郁质的特点是行为孤僻、敏感迟缓、情感体验深刻、细腻持久。这种类型的人往往思想敏锐、细心，具有较为丰富的想象力，做事认真，但心理反应速度较慢，说话和动作都较为迟缓。抑郁质的人容易形成多疑、孤僻、忧闷、怯懦等特点，但同时也容易形成细心、认真、负责、易沟通等优点。

抑郁质的人适合从事需要较强洞察力的工作，如艺术家、心理咨询师、教育工作者等。但抑郁质的人也需要注意控制情绪，避免过于情绪化，以及避免只看到负面事物。

（二）性格

性格是指表现在人对现实的态度和相应的行为方式中的

比较稳定的、具有核心意义的个性心理特征。性格反映了一个人的心理稳定性和个体差异，是人在长期的生活和环境中逐渐形成的。根据性格的特点，可分为以下类型。

1. 外向型

(1)喜欢外部世界，对外部世界充满好奇，感觉外部世界很精彩，总喜欢待在外部世界。

(2)喜欢与人打交道，人脉广，结交很多朋友。在人际关系方面，往往采取积极主动的态度。

(3)能够很好地表达自己的想法和感受，也能够听取别人的意见和建议，善于沟通。

(4)喜欢参加会议或集体讨论，通过"头脑风暴"达成共识。

(5)喜欢多而广的工作和生活体验，不满足于冗长的单一工作。

(6)善于组织和规划自己的工作和生活，具有很活跃的思维。

(7)通常具有乐观向上的心态，能够积极面对生活中的挑战和困难。

2. 中间型

(1)喜欢思考问题，注重内在体验，既不过分张扬也不过分内敛。

(2)在人际交往中，能够很好地平衡自己的需求和别人的需求，善于处理冲突和矛盾。

(3)不喜欢引人注目，也不会过分追求自我表现。

(4)对自己的情感和想法有清晰的认识，也善于倾听别人的想法和情感。

(5)在工作中,既能够独立思考,也能够很好地与团队合作,善于解决问题。

(6)善于调节自己的情绪,能够保持比较平和的心态。

3. 内向型

(1)喜欢独处,需要自己的时间和空间来思考和反思。

(2)在人际交往中较为谨慎,需要深入了解对方才能建立信任关系。

(3)不喜欢主动与他人交往,更倾向于被动地接受别人的邀请。

(4)不善于表达自己的情感和想法,需要更多的时间来思考和表达。

(5)对外界刺激较为敏感,需要较少的外界刺激才能保持平静。

(6)喜欢有规律的生活方式,对突如其来的变化会感到不适。

(7)通常具有较高的自我要求,追求内在的成长和提升。

(8)对于自己的情感和想法有深刻的理解,同时也能够理解他人的感受。

(9)不喜欢冲突和矛盾,会尽量避免与他人发生冲突。

(10)在团队中更倾向于担任支持者的角色,而不是领导者的角色。

需要注意的是,气质与性格类型没有好坏之分,每种类型都有其独特的优点和缺点。同时,人的气质与性格类型也不是一成不变的,可能会受到环境、经历、教育等因素的影响而有所变化。

四、群体心理现象

1. 群体认同

群体认同是指个体对所属群体的认同感，包括对群体价值观、行为准则、文化传统的认可和接受。群体认同对个体的社会角色和行为方式有重要影响，它可以增强个体的归属感和自我价值感，也可以影响个体的决策和行为。

2. 群体思维

群体思维是指群体在决策过程中容易出现的思维偏差，表现为对某些问题的思考不够深入、全面，或者过于追求一致性而忽略了不同的观点和可能性。群体思维可能导致群体做出不明智的决策，阻碍创新和改进。

3. 群体决策

群体决策是指多个个体共同制定和选择解决方案的过程。群体决策可以带来更全面和准确的解决方案，同时也可以提高成员的参与感和满意度。然而，群体决策也可能导致决策过程冗长、意见分歧和成员冲突等问题。

4. 群体感染

群体感染是指群体行为对个体行为的影响，包括思想、情感、行为等方面的感染。群体感染可能是积极的，也可能是消极的，取决于群体行为的内容和性质。在组织和管理群体行为时，需要注意群体感染的影响，尽可能地引导和激发积极的个体行为。

5. 群体极化

群体极化是指群体决策时倾向于做出比个体决策更极端或更冒险的决策的现象。群体极化可能是由于群体思维和从众心理所致，也可能是因为群体中有个别成员具有极端观点并影响了其他成员。群体极化可能导致不理智和危险的决策，因此需要采取措施防止其发生。

6. 群体偏见

群体偏见是指对特定群体的偏见和歧视，表现为对其他群体的不公正对待、歧视和排斥。群体偏见对社会和谐和公正有负面影响，需要采取措施消除和纠正。

7. 群体压力

群体压力是指群体行为对个体产生的心理压力和影响。群体压力可能是积极的，也可能是消极的，取决于群体行为的内容和性质。在组织和管理群体行为时，需要注意群体压力的影响，既要给予成员必要的支持和鼓励，也要避免过度压力和对个体行为的过度干预。

五、心理健康的表现及保持

心理健康是指个体在认知、情感、行为和社会关系等方面都处于良好的状态，是一种积极、健康、和谐的生活状态。以下是心理健康的表现及保持方法。

1. 情绪稳定

心理健康的人能够保持情绪的稳定和平衡，不会因外界刺激而过度激动或沮丧。他们能够有效地调节和管理自己的情绪，保持积极的心态和乐观的生活态度。要保持情绪稳定，可以尝试一些情绪调节技巧，如深呼吸、冥想、运动等。

2. 良好的人际关系

心理健康的人能够建立和维护良好的人际关系，与家人、朋友和社会保持良好的联系。他们能够积极地倾听他人的意见和想法,并尊重和理解他人的感受。要建立良好的人际关系,可以尝试多与他人交流,学会倾听和理解他人的需求,主动帮助他人。

3. 自我认知与接受

心理健康的人能够正确地认识和评价自己,接受自己的优点和缺点,不因自己的不足而感到自卑和焦虑。他们能够保持自信和自尊,积极面对生活中的挑战和困难。要提高自我认知和接受能力,可以尝试反思自己的行为和思想,了解自己的优点和缺点,以及接受自己的不足并努力改进。

4. 心理适应能力强

心理健康的人能够适应不同的环境和情境,快速适应变化和挑战。他们能够灵活地应对生活中的困难和挫折,寻找解决问题的方法和策略。要增强心理适应能力,可以尝试多接触不同的人和事物,学习新知识和技能,以及培养自己的适应能力和解决问题的能力。

5. 挫折承受力强

心理健康的人能够承受挫折和失败,不因失败而放弃或失去信心。他们能够从失败中吸取经验和教训,寻找更好的方法和机会。要提高挫折承受能力,可以尝试在面对挫折时积极寻求帮助和支持,学会从失败中吸取经验和教训,保持积极的心态和乐观的生活态度。

6. 延迟满足能力强

心理健康的人能够延迟满足自己的需求和欲望,追求更长远和更高层次的目标。他们能够克服短视和贪图眼前的利益,注重长远发展和利益最大化。要提高延迟满足能力,可以尝试设定明确的目标和计划，克服短视心理，培养自己的自控力和意志力。

7. 创造力强

心理健康的人能够发挥自己的创造力和想象力，产生新的想法和解决方案。他们能够积极探索和发现新的问题和机会，推动自己不断进步和创新。要提高创造力，可以尝试多接触新的事物和领域，打破思维定式和惯性思维，尝试不同的问题解决方案。

第二节　受检人心理

一、受检人自尊心理及其对策

根据马斯洛需求层次理论，在满足基本的生理需求、安全需求、社交需求后，尊重需求成为人们的追求。一方面，人人都有肯定自身价值的内在倾向；另一方面，人人都渴望获得别人的尊重与欣赏。

可以说，维护自尊心成为人的一种本能。其一，生活实践证明，人的自尊心不能受到伤害，一旦受到伤害，可能会采取报复行为，有时会采取过激行为。但是，在一些安检中，受检人的自尊心被忽视。比如，安检员在检查时，多看受检人几次，或多讯问几次，受检人会很不舒服，觉得安检员在怀疑自己。此时，受检人虽然没有言语，但自尊心受到触动。从心理学的角度看，这时受检人的自尊心受损处在潜意识的心理层面上，只要有“导火线”，随时随地都可能被激活而成为受检人的显意识。其二，在安检过程中，安检员与受检人是检查与被检查的关系，这容易造成受检人的自尊心受到压抑，情绪上产生抵触，一旦受检人的隐私被侵犯，很可能当即采取反抗行为。这种现象在安检员检查受检人行李时特别明显。当受检人看到自己的东西被随意翻找，隐私暴露在众人面前，自尊心受到伤害，往往会在语言上或者行为上表现出来。其三，在安检过程中，尽可能减少身体接触。安检员应该遵循安全距离原则，避免与受检人有过于亲密的举动。其四，如果受检人觉得自尊心受到伤害，一般来说，他一定要找到能够弥补的措施后才能恢复心理的平衡。

受检人来自四面八方，每个人的文化背景、性格特征都不尽相同，但是有一个共同点，就是对服务的基本要求是一致的，他们的人格需要得到尊重。虽然安检工作赋予安检员对受检人人身和携带品检查的权利，但同时安检员承担服务受检人的责任，因此安检员要熟悉不同性格、不同民族背景、不同文化阶层受检人的特征，维护他们的自尊心，展现良好的服务礼仪和服务技能。在安检过程中尽可能给予受检人及其物品必要的尊重，这样才能为他们提供良好的服务，才能带给受检人愉悦的身心体验。

二、受检人急躁心理及其对策

随着生活节奏的加快，人们的时间观念越来越强。但安检工作是为了排除安全隐患，对受检人实施某些必要的检查，势必会给受检人添加麻烦。

在安检过程中，一些受检人既要照看随身携带的行李，又要配合安检员进行安全检查，在众人面前忙得焦头烂额，会觉得安检给自己添了许多麻烦，心里不痛快，往往会产生抵触或对抗的情绪，一旦有“导火线”，往往会引发冲突。另外，一些受检人也会要求安检员重视自己的意见和建议，能够有问必答。否则，他们喜欢以定性的论调表达不满，甚至情绪激动，稍有不顺就大声斥责。针对上述旅客要注意观察，应对及时。有些人虽然会大声斥责，反应激烈，但是往往会比较大度，心直口快，只要自己得到安抚或者问题得到重视并予以处理就会转怒为喜，过后即忘。

还有一些受检人表现出长时间的焦虑不安甚至无根据的恐惧，针对这类人群要及时通过安慰性语言或目光进行安抚，并将应该知情的信息告知对方，避免产生误解。如果需要，应尽早施以援手，不使受检人受影响或者将影响降至最低，避免出现情绪失控。

三、受检人平等心理及其对策

平等心理是一种积极、健康的心态和情感，它表现为对自己和他人的尊重和平等对待。平等心理的核心是消除歧视和偏见，以平等和公正的态度看待自己和他人。

无论男人、女人、富人、穷人、健康人、残疾人、领导、普通人，对于安检员来讲，都只有一个身份，就是受检人。然而，安检中难免有一些不平等的心理现象。比如，残疾受检人相比正常受检人会有更便利的安检方式，正常受检人可能会要求效仿。对于一些重要受检人会有专门通道，而普通受检人可能会产生嫉妒心理。对于非本地旅客、进城务工者可能会自觉受歧视而产生不平等心理。还有一些受检人通过不正当手段获取便利也会让其他受检人产生不平等的心理。

对于安检员来讲，必须对全体受检人一视同仁，不能根据衣着打扮、口音、谈吐等方面而在服务质量上有所区别。而对违反规定的受检人要进行适当的干预和必要的处理，以确保正常的工作环境。

四、受检人从众心理及其对策

从众是指个人因受群体的压力而改变初衷，转而顺从与群体中多数人一致的意见或行为。同时，在群体中，群体成员的暗示也会影响到其他成员的行为，尤其是那些有影响力的人。一般来说，暗示的成员社会地位越高，被暗示人员的从众行为越有可能发生。

安检从众行为易发生的场景，包括安检迟缓导致通过时间长、列车延误及对安检规定普遍不满等。安检员要主动倾听受检人的想法，宽容受检人的不礼貌行为，尽其所能安抚众人的情绪，解决众人关心的问题。当受检人对安检相关规定不理解时要给予充分的解释，提供更加优质的服务，在规则范围内给出解决问题的建议。同时，安检员也要加强协调，对从众行为中具有权威身份的受检人要重点对待，对其进行耐心解释和说明。

五、受检人省能心理及其对策

对于受检人来讲，总希望能够减少安检环节，方便为宜。而安检出于其特殊目的性，安检环节往往不能减少，不能省事。这样，一些受检人难免不理解、不配合甚至认为安检员故意找麻烦。这些检查确实对受检人增添了许多麻烦，但作为安检来说实属无奈而又是必须的，应该耐心向其解释安检必要性，说明安检也是为他的安全着想。

第三节 安检员心理

安检员是公共安全的重要守护者，为了有效履行职责，安检员需要具备良好的心理素质，克服不良的心理问题。

一、安检环境对安检工作的影响

1. 噪声对安检员的影响

在噪声环境中，人的听觉灵敏度会降低，长期处于噪声环境中会引起听觉疲劳。听觉器官受损可致视力下降，蓝绿色视野增加，红色视野减少。在噪声环境长期作用下，可使大脑皮层功能紊乱，导致条件反射异常，可引起头痛、头晕、失眠、多汗、乏力、恶心、注意力分散、记忆力衰退等。噪声还可能会引起新陈代谢的紊乱和血液成分的改变。

在噪声环境中，人的语言交流发生困难。如果噪声压住了工作场所的语言信号，使信息不能准确传递，可能造成严重错误。噪声还可能引起人的情绪变化，一般强而高频的噪声可能导致人紧张、烦乱、生气。

安检工作区域属于噪声较大区域，噪声来源有多种，如列车、仪器、广播及受检人的呼喊声等。因为安检区域属于受检人密集区域，故噪声一般多源于受检人产生的噪声，要减少噪声对安检员的影响，可以在安检区域竖立标牌，提醒受检人注意安检，并且要在安检入口处设置引导员，及时疏导受检人。安检员要对安检区域合理布局，装备吸音好的材料。

2. 采光照明对安检员的影响

在一定范围内，亮度和视力之间存在线性关系，亮度越高，视力越好。而在良好的照度(视野亮度很好)条件下,随着对比度的增加,视力也会更好。当然对比度和亮度都不能无限增加,否则人会感到刺眼并降低观察能力,这种刺眼的光线叫作眩光。眩光破坏视觉的暗适应,产生视觉后像,使工作区的视觉效率降低,直接影响安检员的工作效率和准确性。

在照明条件差的情况下,安检员不仅容易遗漏潜在的安全威胁,而且长时间反复辨认视觉对象物会造成视觉疲劳。比如,在一些照明条件较差的通道入口,安检员对受检人人身及携带品检查,时间长了难免产生视觉疲劳,出现眼球干涩、怕光、视力模糊、眼球充血、眼痛、流泪等症状。如果继续工作,就需要调动更多的体力和精力去克服视觉上的困难,从而引起全身的紧张和疲劳,最终导致心理疾病。

工作台面的亮度不均匀也会产生视觉疲劳。当人眼从一个表面转移到另外一个表面时,则发生明适应或暗适应的过程,这样交替适应也会导致视觉疲劳。

3. 微气候条件对安检员的影响

工作场所的气候环境称为微气候条件,主要包括空气的温度、湿度,空气的流动速度,工作现场的设备、气味,各种物品的热辐射,环境噪声污染等。

为了保证生命活动的正常进行,人的体温必须保持在一个恒定的范围内。人的体温调节通过体内蓄热、血液循环、汗腺分泌、肌肉抖动等与外界进行热交换。如果环境温度与人体温度相差较大,热交换量过大,会使人体温度波动超出生理允许范围,从而损伤人体。

在高温环境中,如果相对湿度超过50%,人体通过蒸发汗液散热的能力会明显降低,人体温度的调节能力相应会降低。

相反,如果在高温低湿环境下,人体呼吸道黏膜则会干燥、不舒服。在低温高湿度环境下会使人感到更加寒冷,而且容易导致关节疾病。

在客流高峰期,嘈杂拥挤的安检通道会使安检人员觉得头昏、胸闷、呼吸不畅。这是因为当受检人较多时,如果空调的进风口和出风口较少,空气流动性差,会造成二氧化碳浓度过高,同时温度、湿度、照度等也会发生变化,这些都影响着人体的舒适度。所以,创造一个舒适、安全、卫生的微气候条件对安检员乃至对公众的身体健康都有着十分重要的意义。

二、安检员心理特征对安检工作的影响

1. 省能心理

人总是希望以最小的能量消耗获得最大的工作效果,这是人类长期在生活中形成的一种心理习惯。从积极的方面来讲,省能心理促进了人类进步,随着科技的发展,人类不断改进生产工具,安检设备也更加自动化和智能化,让安检员能以较小的能量消耗完成最大化的工作任务。但从另一个方面来讲,一旦最小能量消耗超出了可能的范围,目标有可能会发生偏离。

对安检员来讲,这种省能心理可能会导致他们简化作业程序,具体表现为:嫌麻烦、怕费事儿、图方便、得过且过的惰性心理,把必要的安检流程、安全规定、安全措施、安全设备视为工作任务的障碍。例如,在某机场有一位安检员在执行安检过程中,因为怕麻烦没有对某受检旅客膝盖以下部位进行安检,而恰巧该旅客小腿部位捆绑了爆炸装置,最终导致了爆炸事件的发生,造成了严重的社会危害和经济损失。事后通过录像分析发现,安检人员未对犯罪嫌疑人膝盖以下进行安全检查,对该

安检员进行询问时，他只是说当时就是有些累，为了图省事儿。

省能心理是典型的责任心缺失的表现，为了避免因为这种心理导致安全问题的发生，要定期对安检员进行安全责任意识培训。

2. 侥幸心理

侥幸心理往往源于对自身能力的不足认识和对问题的轻视，认为自己的运气可以掩盖自己的不足和错误，从而不必付出太多的努力和准备。然而，这种心理状态是非常危险的，因为侥幸心理会让人忽视潜在的风险和问题，没有足够的应对措施，往往会导致意外的结果。

通过大量的案例分析发现，侥幸心理主要表现在以下方面：

(1)经验性侥幸。这主要发生在长期从事安检工作的人员身上，他们盲目相信“经验”，制度观念淡薄，安检规则及流程流于形式，从而导致安全事故的发生。

(2)技术性侥幸。一些安检员自恃经验丰富或者成绩优秀，自我膨胀，疏于安检规则及流程，从而导致安全事故发生。

(3)管理性侥幸。一些管理者总视经济利益高于一切，将安检规则及流程视为形同虚设，心存侥幸心理，从而导致安全事故发生。

3. 逆反心理

逆反心理是指客观环境与主体需要不相符合时产生的具有强烈抵触情绪的心理，是由外界影响而产生的一种反抗心理活动。其具体表现为：不接受正确善意的规劝和批评，坚持其错误行为；在不了解当前状况、设备性能及注意事项的情况下执意按照自己的意愿去处理非常规事情。

(1)逆反心理表现

在现实生活中逆反心理一般表现为如下特征:

①冲动性。有的人逆反心理表现为只要领导进行安全教育,马上就脱口而出“又来这一套”,把规则当儿戏,将自己置身规则之外。

②盲目性。有的人只要领导提倡他就反对,反之,只要领导反对他偏要支持或者同情,缺乏是非观,不计后果蛮干。

③反权威性。有的人以跟领导唱对台戏为荣,甚至将反权威视为一种时髦,带动身边的人一起对抗领导。

(2)逆反心理原因

产生逆反心理的原因包括:

①好奇心。由于对某些事物或现象的好奇心,而产生想要了解或探索的欲望,但如果这种欲望得不到满足,或者被他人阻止,就可能引起逆反心理。

②不满情绪。当人们对某些事情或情境感到不满时,可能会产生逆反心理。如在工作当中,感觉自己被不公平对待。

③厌倦心理。长期与设备打交道或者工作环境比较差,导致产生厌倦情绪,缺乏工作热情,对各种规则不能严格遵守,怠慢工作。

4. 从众心理

从众心理是当个体受到群体的影响,会怀疑并改变自己的观点、判断和行为,朝着与群体大多数人一致的方向变化,也就是人们常说的“随大流”。社会心理学家认为,人类有一种天然的冲动去模仿他人的行动,这叫作社会从众行为。从众是一种在压力之下发生行为改变的倾向,也就是当个体受群体影响时往往会怀疑且改变自己的观点、判断和行为等,以使自己的认知行为符合群体的、社会的标准和规范。

如果管理者能够对从众效应加以引导可以产生积极作用。对于社会,无论从功能执行的角度还是从延续社会文化的角度,多数人的观念与行为保持一致都是必要的,因为共同的语言、共同的价值观与行为方式是必不可少的,只有这样,人与人之间才能顺利交往,社会才能正常运转。个人需要以从众的方式学习他人的经验,扩展视野,克服固执己见和盲目自信,修正自己的思维模式,对工作起到积极的作用。

当然从众思维在很大程度上也压抑了个性,束缚了思维,扼杀了创造力,甚至毁掉个人的发展前途。例如群体发牢骚,本来发牢骚属于一种情绪宣泄,但是任其发展,可能会影响正常秩序,造成安全问题。

为了更好地开展工作,安检员要宣扬正面的影响,通过安全标志牌、安全标语等暗示手段引导到正向的心理定势和工作模式,形成良好的风气。领导要以身作则,以实际行动影响身边的人员。

5. 优越感心理

安检员作为安检过程的执行者,无意中会产生一种优越感,认为自己有权利对受检人实施检查。这种权利容易使安检员产生高人一等的错觉,似乎自己实施检查是国家赋予的使命,是名正言顺的,因而具有强烈的优越感。而且这种优越感的背后又有强烈的自尊心作为支撑,它本能地维护安检员的优越感。这种优越感的心理,无论安检员是否意识到,它都是客观存在的,而且不可忽视。实践证明,正因为这种优越感,一些安检员在检查过程中,往往在语言上、行为上不自觉地表现出居高临下与盛气凌人。如果遇到个别心情不好的受检人,安检员的这种优越感则会成为伤害受检人自尊心的“导火线”，从而引起冲突。安检员要加强培训，克制自身优越感，努力提升服务质量。

6. 自尊心心理

人人都有自尊心，安检员同样有自尊心，但安检员的自尊心维护与受检人的自尊心维护有所差异。一般来说，安检员的自尊心多半是在安检过程中被语言刺激之后触动的，即安检员希望受检人能够配合，可一些受检人不但不配合，反而说话刻薄，激怒安检员。此时，安检员出于本能保护自尊心，往往会越发仔细地检查。安检员利用这种方式维护自己的自尊心，结果往往使双方冲突变本加厉，最终达到不可调和的地步。要解决冲突问题，就要克服安检员的自尊心心理，树立服务意识，从而化解矛盾和冲突。

三、安检员心理问题的原因

安检工作的性质极为特殊，岗位责任重大，使安检员存在紧张与压力双重心理特征，尤其在安全形势紧张时，这一心理特征更加明显。在长时间的工作中，安检员可能面临一系列心理问题。以下从九个方面分析安检员心理问题的主要原因。

1. 工作压力

安检员工作的特殊性使得他们需要承担较大的工作压力。长时间、高强度的工作，以及频繁的夜班和周末加班，可能会让安检员感到疲惫不堪。此外，工作任务要求严格，工作时间长，需要保持高度的专注和警觉，这些因素都会给安检员带来沉重的心理压力。

2. 重复性工作

安检员每天需要重复进行相同的安检流程。对相同的事物进行仔细地检查，这种重复性工作可能会让他们感到单调乏味，缺乏挑战性。长此以往，这种单调的工作环境可能会引发安检员的心理问题。

3. 精神疲劳

安检员需要长时间保持高度的警觉状态，时刻关注受检人和行李的安全，这种持续的紧张状态可能会导致精神疲劳。此外，长时间使用电子设备，如电脑和 X 射线安检仪，也可能会引起视疲劳和颈部不适等症状，进而导致精神疲劳。

4. 缺乏支持

如果安检员在工作中缺乏足够的支持和理解，他们可能会感到孤独和无助。同事之间缺乏交流和团队合作可能会导致工作氛围压抑，影响工作效率和心理健康。

5. 不良情绪

安检员在工作中可能会面临各种挑战和压力，如旅客的不理解、恶意攻击等。这些不良情绪会影响他们的心理健康，引发焦虑抑郁等问题。

6. 工作满意度低

如果安检员对工作环境、工资待遇、领导关系等方面感到不满意，可能会降低他们的工作满意度。长期的工作满意度低可能会引发职业倦怠，影响工作积极性和工作效率。

7. 睡眠不足

由于工作需要，安检员可能需要熬夜或加班，导致睡眠不足。长时间的睡眠不足可能会影响他们的心理健康，引发焦虑疲劳等问题。

8. 身体疲劳

安检员需要长时间站立、走动和举重物，这些体力活动可能会导致身体疲劳。身体疲劳可能会影响心理健康，引发情绪不稳定等问题。

9. 精神焦虑

由于工作压力大、工作环境紧张等因素，安检员可能会出现精神焦虑。这种焦虑可能会影响他们的心理健康，导致情绪不稳定、失眠等问题。

四、安检员心理问题的调节

为了对安检员心理问题进行调节，提供以下三种方法。

1. 控制和疏导个人情绪

安检员的紧张与压力的心理特征，会在其言行中表现出来，也就是说，在工作时安检员的言行中就包含了他们各种情绪。而那些不良的情绪往往导致安检员在工作时表现出急躁、心烦，甚至情绪上的冲动。在安检过程中造成安检员不良情绪有以下原因：

（1）受受检人情绪的感染。

（2）安检的工作既紧张又辛苦，安全责任始终压在肩上，这种心理长期得不到释放与缓解，势必会产生不良的情绪。

作为安检员要善于调节和控制个人情绪。自我安慰是一个基本技巧。人总是生活在某种情绪状态之中，如果出现过激情绪，就应当学会控制，使自己的情绪保持平衡。这并不是说要压制个人情感，每种情感都有其重要的意义和作用，但是如果情感失控则容易走上极端。某一情绪过分强烈或者长期耿耿于怀都会对人的健康和工作不利，所以安检员要通过发泄、转移注意力、劝解等办法及时调整和疏导个人情绪，避免出现心理问题。

2. 接受心理能力训练

心理能力训练从广义上讲就是要有计划、有意义地对安检员心理施加影响，提高其心理机能。从狭义上讲就是通过放松、呼吸调节、想象、心理暗示等多种技术方法，提高安检员的心理调控能力，形成良好的心理品质，增强对安检的操控能力。

心理能力训练是摆脱心理压力的重要手段，增强安检员的心理耐受力，能在工作中排除各种不良刺激和情绪干扰，以积极主动的精神状态对受检人、行李等进行安检。

3. 事故创伤后造成的心理危机及行为干预

心理危机是指个体运用寻常方式不能应对或处理目前所遇到的内外部应激而陷入极端焦虑、抑郁甚至失去控制、不能自拔的状态。确定对象存在心理危机一般是指对象存在具有重大影响的生活事件或刚刚经历重大突发事件，情绪剧烈波动或认知、躯体、行为方面有较大改变，且用平常解决问题的方法暂时不能应付或无法应对眼前的危机。

心理危机干预是指对心理危机状态下的个体、家庭及群体采取明确有效的心理救助措施。常见于对受暴力或事故伤害、事业与感情受挫者进行的专门心理咨询和心理治疗、劝导与鼓励，特别是指对经受重大事故者给予的物质和精神上的帮助、慰问等。

事故创伤后的心理主要表现在以下方面：

(1)创伤后的应激障碍。人身事故不但会对人造成躯体伤害，还会形成心理创伤，若这种创伤超过一定程度，即会出现创伤后应激障碍。创伤后应激障碍是一种常见的心理障碍,其特征性症状是反复重现创伤性体验。尽管患者对经历事件极不愿想起,但是却不自觉反复回忆;持续回避易使人联想到创伤的活动和情景;患者会产生一系列退缩症状,如与旁人疏远,与亲人的感情变得淡漠,对未来失去憧憬,觉得活着没有意义等等;持续性心理敏感度和警觉性提高;常伴有神经兴奋、过度的惊跳反应,注意力集中困难,失眠、焦虑、自杀倾向等。如果以上心理症状不能改善,会增加再次发生伤害的可能性。

(2)事故创伤后的急性与迟发性应激反应。急性应激反应症状一般在遭遇精神刺激后若干分钟或若干小时内出现,主要表现有两种形式:一种是伴有强烈恐惧体验的精神运动性兴奋,行为带有一定的盲目性,如语言增多,动作杂乱,激烈喊叫,情感和语言不协调等;另外一种则是伴有情感迟钝的精神运动性抑制,表现为缄默不语,长时间呆坐或卧床,近似麻木状态,对痛觉刺激少有反应。一般情况下上述症状可持续一周或者数周,然后可自行缓解。迟发性应激反应为精神创伤后应激反应的一种,与急性应激反应相对,出现于应激性事件结束后较长时间,常见症状有焦虑、恐惧、头疼、抑郁、失眠、记忆力衰退和内脏功能紊乱等。这类应激反应一般需要给予恰当的心理治疗和医学干预。

在事故发生后,首先应该做的是在身体创伤方面进行积极抢救与治疗;在心理创伤方面首要的是提供情感支持,以缓解紧张情绪为目标,使受害者感到周围有人在帮助他,不使其感到孤立无助。同时,也应该让大家了解到,有些反应是心理创伤后的应激反应,不能回避,要抱有正常的心理预期。可以说,在心理干预过程中,在患者周围营造一种包容和理解的氛围十分重要。心理干预重在物质和精神支持,促进心理康复。必要时,积极开展心理治疗工作,常用的治疗方法有认知疗法、行为治疗法、精神分析疗法、集体心理治疗等,要有针对性地采取治疗措施。

第九章 安检日常训练

第一节　队列与引导训练

一、队列训练

队列训练是按照队列条令所规定的规范动作进行的训练活动，也称制式训练。它具有迅速、准确、协调一致、整齐严肃等特点，其目的在于培养良好的执勤形象、严肃的仪容仪表、协调一致的动作和严格的组织纪律性，以适应铁路安全检查的行业要求，树立良好的职业形象。

1. 立正

立正是安检人员的基本姿势，是队列动作的基础。

口令：立正。

动作要领：听到“立正”的口令，两脚跟靠拢并齐，两脚尖向外分开约 60°，两腿挺直，小腹微收，上体直立微向前倾，两肩要平且稍向后张，两臂自然下垂，手指并拢自然微曲，拇指贴于食指的第二节，中指贴于裤缝，头要正，颈要直，口要闭，下颌微收，两眼向前平视。

动作标准及要求：立正动作的训练是培养安检人员良好姿态的基础，其动作标准是要做到“三挺一睁”，即挺胸、挺颈、挺膝,睁大眼睛平视前方。此外,在挺胸的同时应收腹,挺颈的同时应收下颌,挺膝的同时应两腿向后夹。

2. 稍息

口令:稍息。

动作要领:听到“稍息”的口令,左脚顺脚尖方向伸出约全脚的2/3,两腿自然伸直,上体保持立正的姿势,身体重心大部分落于右脚。

动作标准及要求:上体不晃动,不前倾也不后仰,左脚前伸方向要正确。

3. 跨立

跨立主要用于操练、值勤、站立等场合,可与立正互换使用。

口令:跨立。

动作要领:听到“跨立”的口令,左脚向左跨出约一脚之长,两腿自然伸直,上体保持立正的姿势,身体重心落于两脚之间。同时双手迅速后背,贴于腰际,左手握右手手腕,右手四指并拢自然弯曲,拇指指尖贴于食指和中指指尖。

动作标准及要求:跨立时上身正直,两腿要直,两手后背时位置要迅速而准确。

4. 敬礼与礼毕

口令:敬礼。

动作要领:听到“敬礼”的口令,上体直立,右手取捷径迅速抬起,五指并拢自然伸直,中指指尖微接帽檐右角(太阳穴),手心向下,稍向外张,手腕不得弯曲,右大臂略平,与两肩成一线,同时注视受礼者。

口令:礼毕。

动作要领:听到“礼毕”的口令,右手迅速放下,恢复成立正姿势。

二、引导训练

安检引导岗位是安检的第一道关口,需要值岗人员有敏锐的观察力和反应能力,能够对人流进行合理地引导,同时又要保持良好的执勤姿态,引导旅客进行安检。标准、规范的引导手势能给安检工作带来便利。要根据旅客的不同状况,用不同的手势进行快速区分、快速引导,以保证安检入口的畅通。

1. 旅客徒手进站时的引导姿势

语言:“请进站。”

动作要领:身体向右侧转体 60°,右脚配合向右打开 60°,右手小臂抬起与大臂保持 90°夹角,手掌摊开与地面保持 45°夹角,掌心向上,往身后通道做出引导姿势。完成动作后,迅速恢复成立正姿势。

2. 请旅客走近接受手检的引导姿势

语言:“请上前,接受安检。”

动作要领:在跨立姿势的基础上,左胳膊向正前方抬起,左前臂与左上臂接近垂直。

3. 旅客携带箱包进站时的引导姿势

语言:“请安检。”

动作要领:身体保持不动,抬起右手,小臂与大臂保持 90°夹角,小臂与地面保持平行略向上,手掌摊开向安检设备方向做出引导姿势。待旅客走向安检设备后收回手势,恢复立正姿势。

4. 请旅客主动开包接受安检的引导姿势

语言:“对不起,请开包接受安检。”

动作要领:面对旅客示意,然后抬起右手,小臂与大臂保持90°夹角,手掌摊开与地面保持 45°夹角,掌心向上,指尖向前。旅客做出开包动作后恢复立正姿势。

5. 旅客拒绝安检时的引导姿势

语言:“对不起,请配合安检。”

动作要领:右脚向右平行跨出约一脚之长,同时迅速向右侧抬起右手臂(与肩同高),与地面保持平行,五指并拢,掌心向前,以阻止旅客强行进站。旅客接受安检后恢复立正姿势。

6. 旅客携带禁限物品进站时的引导姿势

语言:“对不起,请出站。”

动作要领:左脚向左平行跨出约一脚之长,同时迅速向正前方抬起左手(与肩同高),五指并拢,掌心向前,以阻止旅客进站。右手沿身体右侧向前抬起约 45°,然后向左侧摆动,摆动时不要弯曲肘部,摆动幅度不超过身体左侧。旅客转向后恢复立正姿势。

引导训练注意事项如下:

(1)注意语言和动作的配合。

(2)注意面部表情,针对不同情况做出不同的表情。

(3)注意保持与旅客的距离。

第二节　体能与防卫训练

一、体能训练

体能即人的身体素质的总称。安检人员的体能是其所表现出来的身体运动能力,只有具备好的身体素质才能应对复杂而繁重的安检工作,只有掌握正确的训练方法才能有效地提高身体素质水平、增强体质,从而提高在工作中应对突发情况的能力。体能训练包括力量、速度、耐力等方面的训练。

1. 力量训练

力量的常用训练方法有负重仰卧起坐、负重深蹲、俯卧撑、推举杠铃、跳台阶等。需要强调的是,在锻炼肌肉力量时,务必考虑速度和柔韧性。在锻炼身体力量时,要讲究科学的方法,不宜操之过急,欲速则不达,要循序渐进地训练。

2. 速度训练

速度是指人体快速运动的能力。速度包括视觉速度、反应速度、动作速度等。

(1)视觉速度

视觉的敏锐不仅是本能动作的基础,也是应变动作的开端。作为一名安检人员,要在人流中快速观察周边事物,及时发现可疑人员或物品。

视觉速度的训练方法有:快速阅读,快速清点人数,快速对物品进行分类,快速数清空中飞过的小鸟等。

(2)反应速度

反应速度是指人体对各种外来刺激进行快速应答的速度,在安检领域,具体表现为安检人员在执勤中对可疑人员做出准确判断和迅速处理的速度。

反应速度的训练方法有:练习者根据教练的口令(包括声响或手势)做出各种动作反应等。

(3)动作速度

动作速度是指人体从静止状态转至活动状态时,手和脚等部位的运动速度，动作姿势的精简及肌肉的放松，都可以加快动作速度。同时，动作的弧度越小，速度越快。

动作速度的训练方法有：快速跳绳、30 m 快跑、加速跑等。

3. 耐力训练

耐力是人体持久活动的能力。人体的耐力与心血管系统、神经系统的功能，以及各器官系统的协调能力有密切的关系。

最好的耐力训练方法是跑步。跑步是在简单的地形上进行的耐力训练项目。它的特点是要求有一定的速度，要求有持久性，运动量大，通过较长距离的奔跑，提高人体的耐力。跑步除能提高人体的耐力外，还能改善呼吸系统和心血管系统的机能，促进新陈代谢。通过重复跑、变速跑等练习可逐步提高人体的耐力。

4. 运动卫生与保健

(1)准备活动

为了避免在运动或训练中造成肌肉损伤或韧带拉伤，应先进行准备活动。要使肌肉和韧带得到放松，应当选择较轻松且容易做的练习。准备活动有助于放松身体关节，还可防止肌肉损伤。准备活动的动作应当尽可能地和后续训练动作接近。准备活动的时间长短，应根据具体情况而定，一般来说，准备活动以 5~10 min 为宜。

总之，准备活动的目的是使身体各部位更协调，减少训练中的伤害。

准备活动的内容包括：肩部放松、压腿、扭转腰部、活动颈部及脚踝等。

(2)恢复活动

恢复活动就是在训练结束后进行的恢复性训练,其使身体从紧张状态慢慢复原。

二、防卫技能训练

通过防卫技能训练,能够使安检人员体会、了解防卫的基本技术,掌握动作要领,提高自我防卫能力,提高在实战中协同配合的能力,提高工作中应对突发事件的能力。

1. 防卫的基础技术训练

防卫的基础技术包括基本姿势和步法(滑步)。

(1)基本姿势训练

基本姿势是指在实战中采取合理的站位姿势和保护动作,同时加强安全戒备意识,为下一步攻防格斗做好充分的准备。基本姿势的采用必须遵循“三个有利于”的原则,即:有利于身体重心平稳;有利于向自己有优势的方位移动;有利于自身的防护和攻防技术动作的实施。以下介绍戒备姿势(格斗姿势)和监视姿势两种基本姿势。

①戒备姿势。戒备姿势是为躲避和截住对方而保护自己这一目的实施的。戒备姿势在防守中起着很重要的作用。利用戒备姿势,可使身体始终处于强有力的状态。

动作要领:立正站立,右脚向后方撤出一大步,两脚开立,右膝微曲,侧身站立,两脚间的距离与肩同宽;左脚微内扣,右脚跟外展35°,脚跟抬起,重心落于两腿之间;两手握拳。左前右后,拳眼均朝后上方;左臂弯曲,附关节夹角在90°~120°间,左拳与鼻同高;右臂弯曲,肘关节夹角小于90°,大臂紧贴右侧肋部;收腹,下颌微收,闭嘴合齿,目视对手。

动作要点：身体自然放松，含胸拔背，沉肩垂肘，两腿微曲。

②监视姿势。

动作要领：两脚开立，左脚在前，右脚在后，两膝略屈，两脚间距离与肩同宽；身体侧45°站立，重心落于两腿之间或稍偏于右腿；两手自然放于体侧，下颌微收，目视对手。

动作要点：身体自然放松，两腿保持一定弯曲度，以便随时启动身体，做防守或者进攻动作。

(2)步法(滑步)训练

步法训练的目的是调整好有利于自身的攻防距离，破坏对手的进攻路线和距离，达到出奇制胜的效果。步法训练要求做到移动迅速、重心平稳。

动作要领：以格斗姿势站立，前脚(左脚)向前滑半步，后脚跟进半步，上身保持平衡，其他部位要保持原来的格斗姿势。向右、向左、向后滑步与向前滑步动作要领相同。

动作要点：身体自然放松，平稳移动。向前移动，先动前脚；向后移动，先动后脚。移动中保持格斗姿势不变，整体移动。

2. 基本的防守技术训练

(1)拍挡

动作要领：格斗姿势站立，用左(右)手臂、手掌曲臂将小臂直线向外推出，由此做横向拍挡。

动作要点：防守时判断要准确，拍挡时小臂尽量垂直，动作幅度要小，速度要快。

(2)躲闪(下潜)

动作要领：格斗姿势站立，双腿屈膝，收腹含胸，重心下降，两手紧护胸及头，身体垂直向下，以闪躲对方的攻击。

动作要点:幅度不宜过大,动作要突然、迅速;下蹲闪躲要协调,并注意对头和躯干的保护,目视对方。

3. 基本的解脱技术训练

(1)单臂抓握解脱

动作要领:

解脱法1:当对手右手由上往下抓握自己的右小臂时,右小臂应由下往上用力回拉,同时身体右转,以解脱对方的抓握。

解脱法2:当对手右手由下往上抓握自己的右小臂时,右小臂应由上往下用力回拉,同时身体左转,以解脱对方的抓握。

动作要点:快速,有力,借助腰的旋转发力。

动作共性:这两个动作的解脱办法都是从对方的拇指一侧解脱。

(2)双臂抓握解脱

动作要领:

解脱法1:当对方双手由上往下抓住自己的右小臂时,左手由上而下抓住自己的右手(抱拳),迅速转体。用左手拉和右手肘关节上挑的合力,将右手臂解脱。

解脱法2:当对方双手由下往上抓住自己的右小臂时,左手应从其两手下方插入,抓住自己的右手(抱拳),迅速转体,用左手和右手的合力下拉,右肘向前上抬,将右手臂解脱。

动作要点:左手抓握要快,转体扭腰,解脱法1的上挑合力要一致,解脱法2的下砸合力要一致。

(3)抓胸解脱

动作要领:当对方用右手抓住自己胸口的衣服时,应迅速用右手按住其右手背,同时撤右脚,向右转体,用自己的左肩迅速顶撞其右手臂,达到解脱的目的。

动作要点：转体要猛而快，一定要牵动对方的重心。

易犯错误：转体不够快、猛，发力不准确。

4. 防暴器械的使用训练

(1)盾牌

使用盾牌时，通常将盾牌调节带套于左肘弯处，左手握把手，虎口紧靠把手上端，盾牌朝自己方向倾斜约15°，防止袭击物撞击盾牌后砸伤自己。

注意事项：①使用时，盾牌与眉心同高；②人体下半身为弓步向前；③右手顶住盾牌的上端，保持盾牌的稳定性。

(2)约束杆

使用约束杆时，通常用右手握把手，左手握住约束杆中段，使用时主要叉击对象的胸腹部，左手抓握时不要让手超过约束杆的中段，防止被对象击伤或被接口处夹伤。

注意事项：①抓握时，左手位于接口后方；②人体下半身为弓步向前。

(3)短警棍

使用短警棍时，通常用右手抓握把手，主要对对象实施近距离的打击。

注意事项：①短警棍主要以戳击对象为主；②击打时不可击打对象的颈部及以上部位。

(4)长警棍

一种使用长警棍方法是左手握住长警棍中段，右手抓握长警棍的末端，双手合力由中、远距离击打对象。

注意事项：①使用时人体下半身为弓步向前；②击打时不可击打对象的颈部及以上部位。

另一种方法是可在人群围观时，两人各握一端合力驱散人群。

注意事项：在驱散人群过程中注意配合语言疏导，如“请后退，请不要围观”等。

5. 多人协作处置训练

多人协作处置可按以下步骤执行：

(1)先由持盾队员先行上前阻拦目标人员的去路，右手顶住盾牌的上端，保护自身安全。

(2)持约束杆的队员迅速上前，叉击其胸腹部配合持盾队员将对象控制在墙面等可依靠物处，持盾队员用盾牌将对象持凶器的手顶住。

(3)持长警棍队员在对象被控制后，用长警棍由中远距离击打对象持行凶器械的手。

(4)持短警棍的队员绕行至对象未被控制的部位，协助其他队员对对象加以控制，控制时不可击打对象的颈部及以上部位。

第三节　心理与技能训练

一、心理能力训练

安检员是保障公共安全的重要角色，他们需要具备较强的心理能力，以应对各种复杂的情境。以下是部分安检员心理能力训练方法。

1. 情绪控制

情绪控制是安检员在面对各种挑战和压力时的重要能力。进行情绪控制训练，可以通过以下方法：

(1)深呼吸和冥想：在紧张或情绪激动时，指导安检员使用深呼吸和冥想放松自己，恢复冷静。

(2)情绪识别和表达：训练安检员学会识别自己的情绪，并适当表达，以促进沟通和解决问题。

(3)情境喜剧和模拟演练：通过观看情境喜剧或进行模拟演练，教导安检员如何在压力下保持冷静和理性。

2. 抗压能力

抗压能力是安检员在面对高强度压力和工作负荷时的重要能力。进行抗压能力训练，可以通过以下方法：

(1)心理疏导：定期为安检员提供心理疏导，帮助他们理解自己的情绪和处理压力。

(2)应对策略：教导安检员学习应对压力和焦虑的策略，如积极思考、放松技巧、时间管理等。

(3)模拟演练：进行模拟演练，模拟各种紧急情况和压力，帮助安检员提高抗压能力。

3. 注意力训练

注意力是安检员准确识别安全威胁的重要能力。进行注意力训练，可以通过以下方法：

(1)视觉训练：使用图像识别软件等工具，训练安检员的视觉敏锐度和注意力。

(2)多任务练习：教导安检员如何同时处理多个任务，提高他们的多任务处理能力。

(3)专注力练习：通过冥想、深呼吸等技巧，帮助安检员锻炼专注力。

4. 判断力培养

判断力是安检员准确识别安全威胁的关键能力。进行判断力培养，可以通过以下方法：

（1）案例分析：分析典型案例，让安检员了解不同类型的安全威胁和应对策略。

（2）专家指导：邀请经验丰富的安检专家，对安检员进行实际指导，帮助他们提高判断力。

（3）反馈与评估：定期对安检员的判断力进行评估和反馈，帮助他们了解自己的优点和需要改进的地方。

5. 人际交往能力

人际交往能力是安检员与他人进行有效沟通的重要能力。进行人际交往能力培养，可以通过以下方法：

（1）沟通技巧培训：教导安检员如何进行有效沟通，包括倾听、表达、询问等技巧。

（2）角色扮演：进行角色扮演练习，让安检员体验不同角色之间的沟通，提高人际交往能力。

（3）反馈与评估：定期对安检员的人际交往能力进行评估和反馈，帮助他们了解自己的优点和需要改进的地方。

6. 应变能力

应变能力是安检员在面对突发情况时的重要能力。进行应变能力训练，可以通过以下方法：

（1）模拟演练：进行模拟演练，设置各种突发情况，让安检员学习如何快速应对。

（2）决策能力培训：教导安检员如何根据信息做出决策，并在必要时采取行动。

（3）讨论与分享：组织安检员进行讨论和分享，学习他人的应对方法和经验。

7. 自信心提升

自信心是安检员在面对各种挑战和压力时的重要支撑。

提升自信心,可以通过以下方法:

(1)正面反馈:给予安检员正面反馈和认可,表扬他们的成就和努力,提高他们的自信心。

(2)自我认知:帮助安检员了解自己的优点和长处,认识自己的价值和能力。

(3)目标设定与实现:与安检员共同制定实际可行的目标,并帮助他们实现这些目标,提升自信心。

二、工作技能训练

安检员是保障公共安全的重要角色,需要具备各种工作技能,以应对各种安检任务。以下是安检员工作技能训练方法。

1. 熟悉安检流程

在安检工作中,熟悉安检流程非常重要。安检流程包括安全检查的步骤和注意事项,以及在安检过程中可能遇到的突发情况处理方法。为帮助安检员熟练掌握安检流程,可以采用以下方法:

(1)理论讲解:详细介绍安检流程的各个环节,包括安检前的准备、安检过程中的操作方法和注意事项。

(2)流程图示:通过制作安检流程图,让安检员明确各个环节的顺序和要点,便于记忆和理解。

(3)实践操作:让安检员在实际工作中操作,通过反复练习加深对安检流程的印象。

2. 了解法律法规

安检员需要了解相关的法律法规,以确保在安检工作中遵守规定。为加强安检员对法律法规的了解,可以采用以下方法:

（1）法律法规培训：组织专门的法律法规培训课程，让安检员了解安全检查相关法律法规的内容和要求。

（2）案例分析：通过分析实际案例，让安检员了解违反法律法规的后果和严重性，提高其法律意识。

3. 危险品识别

在安检工作中，识别危险品是非常重要的环节。为提高安检员识别危险品的能力，可以采用以下方法：

（1）危险品知识培训：组织专门的危险品知识培训课程，让安检员了解各种危险品的性质、特点及危险性。

（2）实物展示：通过展示各种危险品样品，让安检员了解危险品的外观特征和辨别方法。

（3）实践操作：让安检员在实际工作中练习识别危险品，提高识别能力和反应速度。

4. 人身检查技巧

人身检查是安检工作中的重要环节。为提高安检员的人身检查技巧，可以采用以下方法：

（1）基本原则讲解：介绍人身检查的基本原则和注意事项，让安检员明确人身检查的重要性。

（2）实践操作：让安检员在实际工作中练习人身检查，掌握人身部位的检查方法和安全防护措施。

（3）检查技巧培训：通过模拟演练和实际案例分析，让安检员掌握快速、准确的人身检查技巧。

5. 物品检查技巧

物品检查是安检工作中的重要环节。为提高安检员的物品检查技巧，可以采用以下方法：

（1）常见物品分类：介绍常见物品的分类和特点，让安检员明确不同种类物品的检查方法和注意事项。

(2)检查技巧培训:通过模拟演练和实际案例分析,让安检员掌握快速、准确的物品检查技巧。

(3)安全检查设备操作:介绍各种安全检查设备的操作方法和使用技巧,让安检员能够正确使用设备进行检查。

6. 实操训练

实操训练是提高安检员工作技能的重要手段。为加强安检员的实操能力,可以采用以下方法:

(1)模拟演练:在模拟环境中进行演练,让安检员练习各种实际情况下的操作和处理方法。

(2)现场实训:安排安检员到实际工作现场进行实训,让安检员在真实环境下锻炼工作技能。

(3)定期考核:对安检员的实操能力进行定期考核,以检验他们的掌握程度和实际操作水平。

7. 模拟演练

模拟演练可以帮助安检员更好地应对各种实际情况。为加强安检员的模拟演练能力,可以采用以下方法:

(1)情境设计:设计各种实际的安检情境,让安检员进行模拟演练,提高他们应对各种情况的能力。

(2)角色扮演:让安检员进行角色扮演,模拟不同角色的人物进行安检,提高他们的安检能力和技巧。

(3)反馈评估:对安检员的模拟演练进行评估和反馈,指出不足之处和需要改进的地方,帮助他们提高模拟演练能力。

8. 考核评估

考核评估是检验安检员工作技能的有效手段。为评估安检员的工作技能水平,可以采用以下方法:

（1）制定考核标准：根据安检工作的要求和技能标准，制定具体的考核标准，包括安检流程、危险品识别、人身检查、物品检查等方面的考核内容。

（2）实施考核：按照制定的考核标准，对安检员进行实际操作和理论知识的考核，以评估他们的技能水平。

（3）反馈评估结果：将考核结果反馈给安检员，指出他们在各个方面的优点和不足之处，帮助他们改进和提高工作技能。

9. 持续改进

持续改进是提高安检工作技能的重要理念。为实现持续改进，可以采用以下方法：

（1）定期培训：定期组织各种培训课程，让安检员学习和掌握最新的安检技能和方法。

（2）数据分析：数据分析能够帮助更好地了解安检工作情况，及时发现潜在问题和优化路径。

（3）跨部门交流：通过定期组织跨部门交流活动，如经验分享会、问题讨论会等，可以促进信息共享，推广好的工作方法，提高工作效率。

（4）创新技术：随着科技的发展，引进创新技术能够显著提高安检工作的质量。通过引进新的安检设备和技术手段，可以提高危险品检测的准确性和速度。同时，关注行业内的新技术和新趋势，积极探索创新应用，可以为安检工作带来更多可能性。

附录1 《中华人民共和国治安管理处罚法》(节选)

根据2023年9月公布《中华人民共和国治安管理处罚法(修订草案)》节选。

第十一条 办理治安案件所查获的毒品、淫秽物品等违禁品,赌具、赌资,吸食、注射毒品的用具以及直接用于实施违反治安管理行为的本人所有的工具,应当收缴,按照规定处理。

违反治安管理所得的财物,追缴退还被侵害人;没有被侵害人的,登记造册,公开拍卖或者按照国家有关规定处理,所得款项上缴国库。

第二十五条 有下列行为之一的,处警告或者五百元以下罚款;情节较重的,处五日以上十日以下拘留,可以并处一千元以下罚款:

(一)扰乱机关、团体、企业、事业单位秩序,致使工作、生产、营业、医疗、教学、科研不能正常进行,尚未造成严重损失的;

(二)扰乱车站、港口、码头、机场、商场、公园、展览馆或者其他公共场所秩序的;

(三)扰乱公共汽车、电车、火车、船舶、航空器或者其他公共交通工具上的秩序的;

(四)非法拦截或者强登、扒乘机动车、船舶、航空器以及其他交通工具,影响交通工具正常行驶的;

(五)破坏依法进行的选举秩序的。

聚众实施前款行为的，对首要分子处十日以上十五日以下拘留，可以并处二千元以下罚款。

第二十七条 有下列行为之一，扰乱文化、体育等大型群众性活动秩序的，处警告或者五百元以下罚款；情节严重的，处五日以上十日以下拘留，可以并处一千元以下罚款：

（一）强行进入场内的；

（二）违反规定，在场内燃放烟花爆竹或者其他物品的；

（三）展示侮辱性或者煽动扰乱公共秩序等内容的标语、条幅等物品的；

（四）围攻裁判员、运动员或者其他工作人员的；

（五）向场内投掷杂物，不听制止的；

（六）扰乱大型群众性活动秩序的其他行为。

因扰乱体育比赛秩序被处以拘留处罚的，可以同时责令其一至三年内不得进入体育场馆观看同类比赛；违反规定进入体育场馆的，强行带离现场，处五日以下拘留或者一千元以下罚款。

第二十八条 有下列行为之一的，处五日以上十日以下拘留，可以并处一千元以下罚款；情节较轻的，处五日以下拘留或者一千元以下罚款：

（一）散布谣言，谎报险情、疫情、警情或者以其他方法故意扰乱公共秩序的；

（二）投放虚假的爆炸性、毒害性、放射性、腐蚀性物质或者传染病病原体等危险物质扰乱公共秩序的；

（三）扬言实施放火、爆炸、投放危险物质等行为扰乱公共秩序的。

第三十五条 违反国家规定，制造、买卖、储存、运输、邮寄、携带、使用、提供、处置爆炸性、易燃性、毒害性、放射性、腐蚀性物质或者传染病病原体等危险物质的,处十日以上十五日以下拘留;情节较轻的,处五日以上十日以下拘留。

第三十六条 爆炸性、毒害性、放射性、腐蚀性物质或者传染病病原体等危险物质被盗、被抢或者丢失,未按规定报告的,处五日以下拘留;故意隐瞒不报的,处五日以上十日以下拘留。

第三十七条 非法携带枪支、弹药或者弩、匕首等国家规定的管制器具的,处五日以下拘留,可以并处一千元以下罚款;情节较轻的,处警告或者五百元以下罚款。

非法携带枪支、弹药或者弩、匕首等国家规定的管制器具进入公共场所或者公共交通工具的,处五日以上十日以下拘留,可以并处一千元以下罚款;情节较重的,处十日以上十五日以下拘留,可以并处五千元以下罚款。

第一百零一条 公安机关对与违反治安管理行为有关的场所、物品、人身可以进行检查。检查时,人民警察不得少于二人,并应当出示执法证件。

对场所进行检查的,经公安机关办案部门负责人批注,使用检查证检查;对确有必要立即进行检查的,人民警察经出示执法证件,可以当场检查。检查公民住所应当出示县级以上地方人民政府公安机关开具的检查证明文件。

检查妇女的身体,应当由女性工作人员或者医师进行。

第一百零二条 检查的情况应当制作检查笔录,由检查人、被检查人和见证人签名、盖章或者捺指印;被检查人不在场或者被检查人、见证人拒绝签名的,人民警察应当在笔录上注明。

第一百零三条 公安机关办理治安案件,对与案件有关的需要作为证据的物品,可以扣押;对被侵害人或者善意第三人合法占有的财产,不得扣押,应当予以登记。对与案件有关的必须鉴定的物品,可以扣押,鉴定后应当立即解除。对与案件无关的物品,不得扣押。

对扣押的物品,应当会同在场见证人和被扣押物品持有人查点清楚,当场开列清单一式二份,由调查人员、见证人和持有人签名或者盖章,一份交给持有人,另一份附卷备查。

实施扣押前应当报经公安机关办案部门负责人批准;因情况紧急,需要当场实施扣押的,人民警察应当及时向其所属公安机关办案部门负责人报告,并补办批准手续。公安机关办案部门负责人认为不应当扣押的,应当立即解除。

对扣押的物品,应当妥善保管,不得挪作他用;对不宜长期保存的物品,按照有关规定处理。经查明与案件无关或者经核实属于被侵害人或者他人合法财产的,应当登记后立即退还;满六个月无人对该财产主张权利或者无法查清权利人的,应当公开拍卖或者按照国家有关规定处理,所得款项上缴国库。

附录2 《中华人民共和国反恐怖主义法》(节选)

根据2018年4月27日第十三届全国人民代表大会常务委员会第二次会议《关于修改〈中华人民共和国国境卫生检疫法〉等六部法律的决定》修正。

第十七条 各级人民政府和有关部门应当组织开展反恐怖主义宣传教育,提高公民的反恐怖主义意识。

教育、人力资源行政主管部门和学校、有关职业培训机构应当将恐怖活动预防、应急知识纳入教育、教学、培训的内容。

新闻、广播、电视、文化、宗教、互联网等有关单位,应当有针对性地面向社会进行反恐怖主义宣传教育。

村民委员会、居民委员会应当协助人民政府以及有关部门,加强反恐怖主义宣传教育。

第二十条 铁路、公路、水上、航空的货运和邮政、快递等物流运营单位应当实行安全查验制度,对客户身份进行查验,依照规定对运输、寄递物品进行安全检查或者开封验视。对禁止运输、寄递,存在重大安全隐患,或者客户拒绝安全查验的物品,不得运输、寄递。

前款规定的物流运营单位,应当实行运输、寄递客户身份、物品信息登记制度。

第二十二条 生产和进口单位应当依照规定对枪支等武器、弹药、管制器具、危险化学品、民用爆炸物品、核与放射物品作出电子追踪标识，对民用爆炸物品添加安检示踪标识物。

运输单位应当依照规定对运营中的危险化学品、民用爆炸物品、核与放射物品的运输工具通过定位系统实行监控。

有关单位应当依照规定对传染病病原体等物质实行严格的监督管理，严密防范传染病病原体等物质扩散或者流入非法渠道。

对管制器具、危险化学品、民用爆炸物品，国务院有关主管部门或者省级人民政府根据需要，在特定区域、特定时间，可以决定对生产、进出口、运输、销售、使用、报废实施管制，可以禁止使用现金、实物进行交易或者对交易活动作出其他限制。

第二十七条 地方各级人民政府制定、组织实施城乡规划，应当符合反恐怖主义工作的需要。

地方各级人民政府应当根据需要，组织、督促有关建设单位在主要道路、交通枢纽、城市公共区域的重点部位，配备、安装公共安全视频图像信息系统等防范恐怖袭击的技防、物防设备、设施。

第三十一条 公安机关应当会同有关部门，将遭受恐怖袭击的可能性较大以及遭受恐怖袭击可能造成重大的人身伤亡、财产损失或者社会影响的单位、场所、活动、设施等确定为防范恐怖袭击的重点目标，报本级反恐怖主义工作领导机构备案。

第三十二条 重点目标的管理单位应当履行下列职责：

（一）制定防范和应对处置恐怖活动的预案、措施，定期进行培训和演练；

（二）建立反恐怖主义工作专项经费保障制度，配备、更新防范和处置设备、设施；

（三）指定相关机构或者落实责任人员，明确岗位职责；

（四）实行风险评估，实时监测安全威胁，完善内部安全管理；

（五）定期向公安机关和有关部门报告防范措施落实情况。

重点目标的管理单位应当根据城乡规划、相关标准和实际需要，对重点目标同步设计、同步建设、同步运行符合本法第二十七条规定的技防、物防设备、设施。

重点目标的管理单位应当建立公共安全视频图像信息系统值班监看、信息保存使用、运行维护等管理制度，保障相关系统正常运行。采集的视频图像信息保存期限不得少于九十日。

对重点目标以外的涉及公共安全的其他单位、场所、活动、设施，其主管部门和管理单位应当依照法律、行政法规规定，建立健全安全管理制度，落实安全责任。

第三十三条 重点目标的管理单位应当对重要岗位人员进行安全背景审查。对有不适合情形的人员，应当调整工作岗位，并将有关情况通报公安机关。

第三十四条 大型活动承办单位以及重点目标的管理单位应当依照规定，对进入大型活动场所、机场、火车站、码头、城市轨道交通站、公路长途客运站、口岸等重点目标的人员、物品和交通工具进行安全检查。发现违禁品和管制物品，应当予以扣留并立即向公安机关报告；发现涉嫌违法犯罪人员，应当立即向公安机关报告。

第三十五条 对航空器、列车、船舶、城市轨道车辆、公共电汽车等公共交通运输工具，营运单位应当依照规定配备安保人员和相应设备、设施，加强安全检查和保卫工作。

第三十六条 公安机关和有关部门应当掌握重点目标的

基础信息和重要动态，指导、监督重点目标的管理单位履行防范恐怖袭击的各项职责。公安机关、中国人民武装警察部队应当依照有关规定对重点目标进行警戒、巡逻、检查。

第五十九条 中华人民共和国在境外的机构、人员、重要设施遭受或者可能遭受恐怖袭击的，国务院外交、公安、国家安全、商务、金融、国有资产监督管理、旅游、交通运输等主管部门应当及时启动应对处置预案。国务院外交部门应当协调有关国家采取相应措施。

中华人民共和国在境外的机构、人员、重要设施遭受严重恐怖袭击后，经与有关国家协商同意，国家反恐怖主义工作领导机构可以组织外交、公安、国家安全等部门派出工作人员赴境外开展应对处置工作。

第六十条 应对处置恐怖事件，应当优先保护直接受到恐怖活动危害、威胁人员的人身安全。

第六十一条 恐怖事件发生后，负责应对处置的反恐怖主义工作领导机构可以决定由有关部门和单位采取下列一项或者多项应对处置措施：

（一）组织营救和救治受害人员，疏散、撤离并妥善安置受到威胁的人员以及采取其他救助措施；

（二）封锁现场和周边道路，查验现场人员的身份证件，在有关场所附近设置临时警戒线；

（三）在特定区域内实施空域、海（水）域管制，对特定区域内的交通运输工具进行检查；

（四）在特定区域内实施互联网、无线电、通讯管制；

（五）在特定区域内或者针对特定人员实施出境入境管制；

（六）禁止或者限制使用有关设备、设施，关闭或者限制使用有关场所，中止人员密集的活动或者可能导致危害扩大的生产经营活动；

（七）抢修被损坏的交通、电信、互联网、广播电视、供水、排水、供电、供气、供热等公共设施；

（八）组织志愿人员参加反恐怖主义救援工作，要求具有特定专长的人员提供服务；

（九）其他必要的应对处置措施。

采取前款第三项至第五项规定的应对处置措施，由省级以上反恐怖主义工作领导机构决定或者批准；采取前款第六项规定的应对处置措施，由设区的市级以上反恐怖主义工作领导机构决定。应对处置措施应当明确适用的时间和空间范围，并向社会公布。

第六十二条 人民警察、人民武装警察以及其他依法配备、携带武器的应对处置人员，对在现场持枪支、刀具等凶器或者使用其他危险方法，正在或者准备实施暴力行为的人员，经警告无效的，可以使用武器；紧急情况下或者警告后可能导致更为严重危害后果的，可以直接使用武器。

第六十三条 恐怖事件发生、发展和应对处置信息，由恐怖事件发生地的省级反恐怖主义工作领导机构统一发布；跨省、自治区、直辖市发生的恐怖事件，由指定的省级反恐怖主义工作领导机构统一发布。

任何单位和个人不得编造、传播虚假恐怖事件信息；不得报道、传播可能引起模仿的恐怖活动的实施细节；不得发布恐怖事件中残忍、不人道的场景；在恐怖事件的应对处置过程中，除新闻媒体经负责发布信息的反恐怖主义工作领导机构批准外，不得报道、传播现场应对处置的工作人员、人质身份信息和应对处置行动情况。

第六十四条 恐怖事件应对处置结束后，各级人民政府应当组织有关部门帮助受影响的单位和个人尽快恢复生活、生产，稳定受影响地区的社会秩序和公众情绪。

附录3 《中华人民共和国铁路法》（节选）

根据2015年4月24日第十二届全国人民代表大会常务委员会第十四次会议《关于修改〈中华人民共和国义务教育法〉等五部法律的决定》第二次修正。

第四十八条 运输危险品必须按照国务院铁路主管部门的规定办理，禁止以非危险品品名托运危险品。

禁止旅客携带危险品进站上车。铁路公安人员和国务院铁路主管部门规定的铁路职工，有权对旅客携带的物品进行运输安全检查。实施运输安全检查的铁路职工应当佩戴执勤标志。

危险品的品名由国务院铁路主管部门规定并公布。

第五十三条 对聚众拦截列车或者聚众冲击铁路行车调度机构的，铁路职工有权制止；不听制止的，公安人员现场负责人有权命令解散；拒不解散的，公安人员现场负责人有权依照国家有关规定决定采取必要手段强行驱散，并对拒不服从的人员强行带离现场或者予以拘留。

第六十条 违反本法规定，携带危险品进站上车或者以非危险品品名托运危险品，导致发生重大事故的，依照刑法有关规定追究刑事责任。企业事业单位、国家机关、社会团体犯本款罪的，处以罚金，对其主管人员和直接责任人员依法追究刑事责任。

携带炸药、雷管或者非法携带枪支子弹、管制刀具进站上车的，依照刑法有关规定追究刑事责任。

附录4 《铁路安全管理条例》（节选）

2013 年 8 月 17 日中华人民共和国国务院令第 639 号公布。

第六十五条 铁路运输企业应当依照法律、行政法规和国务院铁路行业监督管理部门的规定，对旅客及其随身携带、托运的行李物品进行安全检查。

从事安全检查的工作人员应当佩戴安全检查标志，依法履行安全检查职责，并有权拒绝不接受安全检查的旅客进站乘车和托运行李物品。

第六十六条 旅客应当接受并配合铁路运输企业在车站、列车实施的安全检查，不得违法携带、夹带管制器具，不得违法携带、托运烟花爆竹、枪支弹药等危险物品或者其他禁限物品。

禁止或者限制携带的物品种类及其数量由国务院铁路行业监督管理部门会同公安机关规定，并在车站、列车等场所公布。

第七十七条 禁止实施下列危害铁路安全的行为：

（一）非法拦截列车、阻断铁路运输；

（二）扰乱铁路运输指挥调度机构以及车站、列车的正常秩序；

（三）在铁路线路上放置、遗弃障碍物；

（四）击打列车；

（五）擅自移动铁路线路上的机车车辆，或者擅自开启列车车门、违规操纵列车紧急制动设备；

（六）拆盗、损毁或者擅自移动铁路设施设备、机车车辆配件、标桩、防护设施和安全标志；

（七）在铁路线路上行走、坐卧或者在未设道口、人行过道的铁路线路上通过；

（八）擅自进入铁路线路封闭区域或者在未设置行人通道的铁路桥梁、隧道通行；

（九）擅自开启、关闭列车的货车阀、盖或者破坏施封状态；

（十）擅自开启列车中的集装箱箱门，破坏箱体、阀、盖或者施封状态；

（十一）擅自松动、拆解、移动列车中的货物装载加固材料、装置和设备；

（十二）钻车、扒车、跳车；

（十三）从列车上抛扔杂物；

（十四）在动车组列车上吸烟或者在其他列车的禁烟区域吸烟；

（十五）强行登乘或者以拒绝下车等方式强占列车；

（十六）冲击、堵塞、占用进出站通道或者候车区、站台。

第九十九条 旅客违法携带、夹带管制器具或者违法携带、托运烟花爆竹、枪支弹药等危险物品或者其他违禁物品的，由公安机关依法给予治安管理处罚。

第一百零五条 违反本条例规定，给铁路运输企业或者其他单位、个人财产造成损失的，依法承担民事责任。

违反本条例规定，构成违反治安管理行为的，由公安机关依法给予治安管理处罚；构成犯罪的，依法追究刑事责任。

附录5 《铁路旅客运输安全检查管理办法》

第一章 总 则

第一条 为了保障铁路旅客运输安全和人身财产安全,加强和规范铁路旅客运输安全检查工作,根据《中华人民共和国反恐怖主义法》、《中华人民共和国铁路法》、《铁路安全管理条例》等法律、行政法规,制定本办法。

第二条 本办法适用于中华人民共和国境内的铁路旅客运输安全检查工作。

第三条 本办法所称铁路旅客运输安全检查,是指铁路运输企业在车站、乘降所、旅客列车对旅客及其随身携带、托运的物品进行禁限物品检查的活动。

本办法所称禁限物品,是指国家铁路局会同公安部规定并公布的《铁路旅客禁止、限制携带和托运物品目录》中的物品。

第四条 铁路运输企业应当在企业网站、车站和旅客列车内通过多种方式公告《铁路旅客禁止、限制携带和托运物品目录》,宣传铁路禁止、限制携带和托运物品等规定。

第五条 国家铁路局负责全国铁路旅客运输安全检查的监督管理工作。地区铁路监督管理局负责辖区内铁路旅客运输安全检查的监督管理工作。

国家铁路局和地区铁路监督管理局统称铁路监管部门。

第二章　基本要求

第六条　铁路运输企业是铁路旅客运输安全检查的责任主体，应当按照法律、行政法规、规章规定，组织实施铁路旅客运输安全检查工作，保障资金投入，制定管理制度，完善作业程序，落实作业标准，确保旅客运输安全。

不同铁路运输企业之间应当实现安全检查互认。铁路运输企业与其他交通运输企业实现安全检查互认或者单向认可的，按照双方约定办理。

第七条　铁路运输企业应当采取有效措施，加强车站安全管理，为安全检查提供必要的场地和作业条件，提供临时存放、专门处置禁限物品的场所。

禁限物品临时存放场所应当远离候车室等人员密集区域，设置灭火器材等相关设施。

第八条　铁路运输企业应当在高速铁路车站和普速铁路三等及以上车站配备安全检查仪、通过式金属探测门、手持式金属探测器、液体检测仪、防爆罐、防爆毯等设备；其他车站根据实际配备安全检查仪或者手持式金属探测器等设备。

在不具备站场封闭条件的乘降所办理乘降作业的旅客列车应当配备手持式金属探测器。

第九条　铁路运输企业使用的安全检查设备应当符合国家标准、行业标准和安全、环保等要求，不得使用应当淘汰的危及生产安全和人身安全的安全检查设备。

铁路运输企业应当加强安全检查设备经常性维护、保养，按照规定进行定期检测，保障其性能稳定，运行安全。未经检测合格的安全检查设备不得用于铁路旅客运输安全检查工作。

第十条 铁路运输企业安装的视频监控设备应当覆盖车站安全检查区域,并保障设备正常运行。采集的视频图像信息保存期限应当符合法律、行政法规的规定。

第十一条 铁路运输企业应当在车站和旅客列车根据安全检查需要,配备必要的安全检查人员。

在配有安全检查仪的车站应当配备值机、手检、处置等安全检查人员。

在不具备站场封闭条件的乘降所办理乘降作业的旅客列车,应当配备安全检查人员;仅在车站办理乘降作业的旅客列车,可以不配备安全检查人员。

第十二条 铁路运输企业应当对安全检查人员进行教育和培训,如实记录教育和培训情况。未经教育和培训合格的人员,不得上岗作业。对不适合继续从事安全检查工作的人员,铁路运输企业应当及时将其调离安全检查工作岗位。

安全检查人员应当具备禁限物品识别和处置、安全检查设备操作、放射性防护等必要的专业知识,熟悉有关规章制度和操作规程,掌握本岗位的操作技能和应急处理措施。

第十三条 从事安全检查的人员应当统一着装,佩戴安全检查标志,依法履行安全检查职责,爱惜被检查的物品。

严禁非安全检查人员操作安全检查设备。

第十四条 铁路运输企业应当为安全检查人员提供必要的健康保护,值机人员连续值机工作时间和再次值机间隔时间应当有利于保护身体健康,有利于提高安全检查工作质量和效率。

第十五条 铁路运输企业应当结合铁路旅客运输安全检

查实际，针对客流高峰、恶劣气象及设备故障等突发情况，制定有效的应急预案或者应急措施，并定期实施应急演练。

第十六条 铁路运输企业应当积极推进安全检查工作信息化、数字化、智能化建设，逐步提升安全检查工作质量和效率，为旅客出行提供便利。

第十七条 旅客应当接受并配合铁路运输企业依法开展的安全检查工作。旅客随身携带和托运物品应当遵守国家禁止或者限制运输的相关规定，不得夹带国家规定的危险物品或者其他违禁物品。

旅客不接受或者拒绝配合安全检查，或者不听从铁路运输企业工作人员劝阻，坚持携带、夹带禁止或者超过规格、数量限制随身携带的物品的，铁路运输企业应当拒绝运输。

依照法律、行政法规和国家铁路局的规定可以免检的物品和人员，从其规定。

第三章 安全检查实施

第十八条 铁路运输企业应当对旅客及其随身携带或者托运的物品进行安全检查。旅客及其随身携带或者托运的物品应当经安全检查设备检查。

旅客随身携带或者托运的物品因尺寸、形状、重量等原因无法经安全检查设备检查的，应当实施人工检查。人工检查应当在视频监控设备覆盖的场所实施。

第十九条 对旅客进行人身检查时，应当依法保障旅客合法权益不受侵害。对女性旅客进行人身检查，应当由女性安全检查人员实施。

第二十条 安全检查人员发现可疑物品时应当实施人工

检查。人工检查时，一般由旅客自行出示携带或者托运物品，必要时可以由安全检查人员检查，但旅客应当在场。

安全检查人员认为不适合公开检查或者旅客申明不宜公开检查的，可以根据实际，移至适当场合检查。

第二十一条 铁路运输企业应当根据实际及时调整车站安全检查通道的开放数量，确保旅客进站畅通，日常旅客安全检查等候一般不超过5分钟。

第二十二条 对在不具备站场封闭条件的乘降所上车的人员，旅客列车上的安全检查人员应当对其及其携带物品进行安全检查。

对已经在车站通过安全检查的人员，旅客列车上的安全检查人员可以对其及其携带物品进行必要的安全检查。

对实施安全检查的旅客列车，铁路运输企业应当加强日常安全管理，指定专人组织实施安全检查，对发现的可疑物品及时检查处置。

第二十三条 铁路运输企业应当为老幼病残孕旅客提供安全检查优先服务，对不能通过安全检查仪的婴儿车、轮椅等物品实施人工检查。

第二十四条 随视力残疾旅客进站乘车的导盲犬应当接受安全检查。导盲犬接受安全检查前，铁路运输企业应当提醒旅客协助控制好导盲犬，为其佩戴防咬人装置。

第二十五条 铁路运输企业应当采取有效措施，确保已安全检查区域与未安全检查区域分区隔离。旅客临时离开已安全检查区域，返回时应当重新接受安全检查。

对未离开已安全检查区域的中转换乘旅客，铁路运输企业可以不再对其及其随身携带物品实施安全检查。

第二十六条 鼓励铁路与城市轨道交通、民航、道路、水路等有序衔接，在综合客运枢纽设置封闭、连续的联运旅客换乘通道，签订合作协议，明确合作事项，完善设施设备，优化换乘流程，界定各方责任，实现安全检查互认。

第二十七条 对及时发现旅客携带禁止或者超过规格、数量限制随身携带的物品，或者托运禁止托运的物品，有效避免、减少旅客运输安全事故的单位和个人，依法给予表彰奖励。

第四章 禁限物品处理

第二十八条 安全检查中发现旅客携带禁止或者超过规格、数量限制随身携带的物品，或者托运禁止托运的物品时，安全检查人员应当向旅客告知铁路旅客运输安全检查有关规定。

第二十九条 安全检查中发现旅客托运和随身携带枪支子弹、爆炸物品、管制器具、易燃易爆物品、毒害品、腐蚀性物品、放射性物品、感染性物质，或者旅客声称本人托运和随身携带上述禁限物品的，铁路运输企业应当按照法律、行政法规、规章的规定采取必要的先期处置措施；涉嫌违反治安管理或者犯罪的，及时报告公安机关。

鞭炮、发令纸、摔炮、拉炮等爆炸物品应当按照规定处理。

旅客自弃物品中发现上述禁限物品的，铁路运输企业应当按照本条第一款规定处理。

第三十条 车站安全检查中发现旅客随身携带属于禁止随身携带但可以托运的物品，或者超过规格、数量限制随身携带的物品，可以由旅客选择交送行人员带回、办理托运、交车站保管或者自弃等方式处理。

第三十一条 旅客列车上发现禁止托运和随身携带的物

品,或者超过规格、数量限制随身携带的物品时,应当妥善处置,并移交前方停车站。

第三十二条 铁路运输企业应当为旅客办理托运提供便利。对旅客办理托运的物品,铁路运输企业应当安排随旅客所乘列车或者就近列车运送。

对暂不具备办理托运条件的车站,鼓励铁路运输企业与快递企业合作,方便旅客寄递物品。

第三十三条 对旅客提出需要交车站保管的物品,车站应当为其提供保管服务,免费保管期限一般不超过 3 天。铁路运输企业与旅客另有约定的,按照其约定。

对旅客自弃、超过保管期限的物品,铁路运输企业应当按照国家规定及时处理;国家没有规定的,可以按照铁路运输企业规定或者铁路运输企业与旅客的约定及时处理。

第三十四条 对查获的枪支子弹、爆炸物品、管制器具、易燃易爆物品、毒害品、腐蚀性物品、放射性物品、感染性物质,铁路运输企业应当按照国家有关规定及时处理。

第三十五条 任何单位和个人严禁擅自调换、变卖、私拿私藏、私自处置安全检查发现或者旅客自弃的禁止托运和随身携带的物品以及超过规格、数量限制随身携带的物品。

第五章 监督管理

第三十六条 铁路监管部门应当对铁路旅客运输安全检查工作进行指导、检查和监督,并依法处理安全检查过程中发现的违法违规行为。

第三十七条 铁路监管部门应当积极处理有关安全检查的投诉举报,加强对铁路运输企业落实旅客运输安全检查管理制度、规范操作安全检查设备、安全检查知识培训,以及识别、发现和处置禁限物品等情况的监督检查。

第三十八条 铁路运输企业应当积极配合铁路监管部门依法履行监督检查职责,不得拒绝、阻挠。

第六章 法律责任

第三十九条 在安全检查过程中,发生殴打、辱骂安全检查人员,冲闯、堵塞安全检查通道,破坏、损毁、占用安全检查设备、场地等扰乱安全检查工作秩序、妨碍安全检查人员正常工作行为的,铁路运输企业应当予以制止;发生涉嫌违反治安管理行为或者犯罪行为的,及时报告公安机关。

第四十条 铁路运输企业未提供安全检查场地和作业条件,或者未提供临时存放、专门处置禁限物品场所的,由铁路监管部门责令限期改正,处 1 万元以下的罚款;逾期未改正的,处 1 万元以上 3 万元以下的罚款。

第四十一条 铁路运输企业有下列行为之一的,由铁路监管部门依照《中华人民共和国安全生产法》第九十九条规定处理:

(一)安全检查设备的使用、检测不符合国家标准或者行业标准的;

(二)未对安全检查设备进行经常性维护、保养和定期检测的;

(三)使用应当淘汰的危及生产安全和人身安全的安全检查设备的。

第四十二条 铁路运输企业有下列行为之一的,由铁路监管部门依照《中华人民共和国安全生产法》第九十七条规定处理：

（一）未对安全检查人员进行教育和培训的；

（二）未如实记录教育和培训情况的。

第四十三条 旅客托运行李时匿报、谎报物品品名、性质、重量的，由地区铁路监督管理局依照《铁路安全管理条例》第九十六条规定处理。

第四十四条 铁路运输企业拒不配合铁路监管部门对旅客运输安全检查依法开展监督管理等安全防范工作的，由铁路监管部门依照《中华人民共和国反恐怖主义法》第九十一条规定处理。

第四十五条 铁路运输企业及其工作人员违反本办法其他有关安全检查管理规定的，铁路监管部门应当责令改正。

第四十六条 铁路运输企业因安全检查工作损毁旅客物品的，依法承担民事责任。

旅客违法携带、夹带或者托运时夹带禁限物品，将禁止托运的物品匿报、谎报为其他物品托运，造成人身伤害或者财产损失的，依法承担民事责任。

第四十七条 铁路监管部门的工作人员对旅客运输安全检查情况实施监督检查、处理投诉举报时，应当恪尽职守，廉洁自律，秉公执法。对失职、渎职的，依法给予处分；构成犯罪的，依法追究刑事责任。

第七章 附 则

第四十八条 在特定区域、特定时间，需要提升铁路旅客运输安全检查查控标准的，按照国家有关部门或者国家铁路局有关规定执行。

第四十九条 铁路运输企业应当对其他进站人员及其随身携带的物品实施安全检查。

铁路运输企业应当对进入车站已安全检查区域内商铺的商品进行安全检查,车站已安全检查区域内和旅客列车上不得销售禁止和超过规格、数量限制随身携带的物品。

第五十条 具备站场封闭条件的乘降所、实施安全检查的铁路无轨站的安全检查工作,按照本办法执行。

第五十一条 随旅客列车运输包裹的安全检查工作,参照本办法执行。

第五十二条 本办法自 2024 年 2 月 1 日起施行。交通运输部于 2014 年 12 月 8 日以交通运输部令 2014 年第 21 号公布的《铁路旅客运输安全检查管理办法》同时废止。